Word master

| 고등 BASIC |

영단어 암기용 가리개

잘라서 암기에 활용하세요!

Word master

| 고등 BASIC |

영단어 암기용 가리개

잘라서 암기에 활용하세요!

Word master

고등 BASIC

Word master

고등 BASIC

Word ∞ master

고등 BASIC mini

Word
∞master

STEP 1

고등 핵심 어휘로 기초 세우기

DAY 01

□□ 0001	include	v. 포함하다
	⇔ exclude	v. 제외하다, 배제하다
□□ 0002	produce	v. 생산하다, 만들어 내다, 초래하다 n. 농산물
□□ 0003	belief	n. 믿음, 신념, 신앙
	= faith	n. 믿음, 신뢰
	⇔ disbelief	n. 불신, 불신앙
□□ 0004	similar	a. 비슷한, 유사한
□□ 0005	moment	n. 순간, 중요성
□□ 0006	situation	n. 상황, 위치
	= location	n. 장소, 위치
	context	n. 문맥, 상황
□□ 0007	improve	v. 개선하다, 향상하다
	= enhance	v. 향상하다, 높이다
□□ 0008	increase	v. 증가하다, 증가시키다 n. 증가, 인상
□□ 0009	decrease	v. 감소하다, 감소시키다 n. 감소, 축소
□□ 0010	share	v. 나누다, 공유하다 n. 몫
□□ 0011	emotion	n. 감정, 정서
	= feeling	n. 감정, 느낌
	sentiment	n. 감정, 정서
□□ 0012	common	a. 흔한, 보통의, 공통의
	⇔ rare	a. 드문, 희귀한

□□ 0013	recover	v. 회복하다, 복구되다
□□ 0014	advanced	a. 진보한, 상급의
□□ 0015	indifferent	a. 무관심한
□□ 0016	reject	v. 거절하다, 거부하다
□□ 0017	refuse	v. 거절하다, 거부하다
□□ 0018	accept	v. 받아들이다, 수락하다
□□ 0019	experience	v. 경험하다 n. 경험
□□ 0020	certain	a. 확실한, 확신하는, 어떤
	↔ uncertain	a. 불확실한
□□ 0021	consider	v. 고려[숙고]하다, ~으로 여기다
□□ 0022	supply	v. 공급하다, 제공하다 n. 공급
□□ 0023	provide	v. 공급하다, 제공하다, 대비하다
□□ 0024	practical	a. 실용적인, 실제적인
□□ 0025	express	v. 표현하다, 나타내다, 속달로 보내다 a. 급행의, 신속한 n. 급행, 속달
□□ 0026	quantity	n. 양, 수량
	= amount	n. 양, 총액
□□ 0027	superior	a. 뛰어난, 우월한, 상급의 n. 윗사람, 상급자
□□ 0028	inferior	a. 열등한, 하위의 n. 손아랫사람, 하급자

DAY 01

□□ 0029	seek	v. 찾다, 추구하다, 청하다
	⊜ pursue	v. 추구하다
	search	v. 찾다
□□ 0030	aim	n. 목표, 목적 v. 목표하다, 겨냥하다
	⊜ object	n. 목적, 목표
	purpose	n. 목적, 의도
□□ 0031	fade	v. 희미해지다, 사라지다
□□ 0032	disappear	v. 사라지다, 없어지다
□□ 0033	emerge	v. 나타나다, 모습을 드러내다, (생각·사실 등이) 드러나다
□□ 0034	grief	n. (깊은) 슬픔, 비탄
	⊜ woe	n. 비애, 비통
	⊖ joy	n. 기쁨
□□ 0035	slight	a. 약간의, 하찮은
	⊜ trivial	a. 하찮은, 사소한
□□ 0036	success	n. 성공, 성공작
□□ 0037	failure	n. 실패, 실패작, 고장
□□ 0038	run into	~와 우연히 만나다, ~와 충돌하다
	⊜ meet ~ by chance	~와 우연히 만나다
	collide with	~와 충돌하다

□□ 0039 **depend on[upon]** ~에 의존[의지]하다, ~에 달려 있다

= rely on ~에 의존하다, ~을 신뢰하다

count on ~에 의지하다, ~을 확신하다

□□ 0040 **carry out** ~을 실행[수행]하다, ~을 완료하다

= perform v. 실행하다

complete v. 완료하다

DAY 02

□□ 0041	illegal	a. 불법적인, 위법인
	↔ legal	a. 법률의, 합법인
□□ 0042	local	a. 지역의, 현지의 n. 현지인
□□ 0043	amount	n. 총계, 양 v. 총계가 ~이 되다
	= total	v. 총 ~이 되다 a. 총, 전체의
□□ 0044	found	v. 설립하다, 기초를 세우다
□□ 0045	establish	v. 설립하다, 확립하다, 수립하다
□□ 0046	historical	a. 역사적인, 역사(상)의
□□ 0047	process	n. 과정, 처리 v. 처리하다, 가공하다
□□ 0048	expert	n. 전문가 a. 숙련된, 전문적인
	= specialist	n. 전문가
	↔ amateur	n. 아마추어, 애호가
□□ 0049	decade	n. 10년, 10년간
□□ 0050	continue	v. 계속하다, 연장하다
	↔ cease	v. 중단하다, 그치다
□□ 0051	dedicate	v. 바치다, 헌신하다
□□ 0052	devote	v. 바치다, 전념하다
□□ 0053	period	n. 기간, 시기, 시대
	= era	n. 시대, 시기

□□ 0054 perceive | v. 인지[감지]하다, ~으로 여기다

□□ 0055 recognize | v. 인식[인지]하다, 인정하다

□□ 0056 exhausted | a. 지친, 고갈된
⊜ worn-out | a. 지친, 진부한

□□ 0057 crime | n. 범죄, 범행, 죄악

□□ 0058 expose | v. 노출시키다, 폭로하다

□□ 0059 reveal | v. 드러내다, 폭로하다
⊜ disclose | v. 드러내다, 폭로하다

□□ 0060 conceal | v. 숨기다, 비밀로 하다
⊜ hide | v. 숨기다, 보이지 않게 하다

□□ 0061 charity | n. 자선 단체[기금], 자비심

□□ 0062 deserve | v. ~을 받을 만하다, ~할 가치가 있다

□□ 0063 unite | v. 결합[연합]하다, 결속시키다

□□ 0064 combine | v. 결합시키다, 겸비하다

□□ 0065 separate | v. 분리하다 a. 별개의, 각각의

□□ 0066 complete | v. 완료하다 a. 완전한
⇔ incomplete | a. 불완전한

□□ 0067 connect | v. 연결하다, 관련시키다

□□ 0068	overcome	v. 극복하다, 이기다, 압도하다
□□ 0069	rapid	a. 빠른, 신속한
	⊜ fast	a. 빠른
	speedy	a. 빠른, 신속한
□□ 0070	chase	v. 쫓다, 추적하다 n. 추적
	⊜ pursue	v. 추적하다, 추구하다
□□ 0071	achieve	v. 이루다, 성취하다
□□ 0072	accomplish	v. 이루다, 성취하다
□□ 0073	mislead	v. 잘못 인도하다, 오해하게 하다
□□ 0074	random	a. 무작위의, 임의의
	⇔ planned	a. 계획된, 예정대로의
□□ 0075	organ	n. 장기, 기관
□□ 0076	vital	a. 아주 중요한, 필수적인, 생명 유지에 필요한
	⊜ essential	a. 필수적인
	significant	a. 중대한
	⇔ insignificant	a. 무의미한, 하찮은
□□ 0077	reliable	a. 믿을 수 있는, 의지가 되는
	⊜ credible	a. 신뢰할 수 있는
	trustworthy	a. 신뢰할 수 있는
	⇔ unbelievable	a. 믿을 수 없는
	unreliable	a. 믿을 수 없는

□□ 0078 deal with | ~을 처리하다, ~을 다루다
⊜ treat | v. 다루다, 처리하다

□□ 0079 lead to | ~으로 이어지다, ~을 야기[초래]하다
⊜ cause | v. 야기하다

□□ 0080 get along with | ~와 잘 지내다

DAY 03

□□	0081	knowledge	n. 지식, 알고 있음
□□	0082	encourage	v. 용기를 북돋우다, 격려하다, 장려하다
□□	0083	discourage	v. 낙담시키다, 방해하다
□□	0084	detail	n. 세부 사항, 상세
□□	0085	resolution	n. 해결, 결심, 결의
		= solution	n. 해결, 용해
□□	0086	probable	a. 있을 법한, 예상되는
□□	0087	trait	n. 특성, 특색
		= feature	n. 특징, 특색
		property	n. 특성, 성질
□□	0088	direct	v. 감독하다, (길을) 안내하다 a. 직접적인, 직행의
□□	0089	distance	n. 거리, 간격
□□	0090	income	n. 수입, 소득
		↔ expenditure	n. 소비, 지출
□□	0091	revise	v. 개정하다, 정정하다
		= amend	v. 개정하다
		correct	v. 정정하다, 고치다
□□	0092	mark	v. 표시하다, 채점하다 n. 표시, 흔적
□□	0093	negative	a. 부정적인, 음성의
		↔ positive	a. 긍정적인, 양성의

□□ 0094	official	a. 공식적인, 공무의, 정식의
	⇔ unofficial	a. 비공식적인
□□ 0095	search	v. 찾다, 검색하다 n. 수색, 검색
□□ 0096	benefit	n. 이익, 혜택, 자선 행사 v. 이롭다, 이익을 얻다
□□ 0097	profit	n. 이익, 수익, 이윤 v. 이익을 얻다
□□ 0098	damage	n. 손상, 피해 v. 손상을 입히다
□□ 0099	amaze	v. (대단히) 놀라게 하다
	= astonish	v. (깜짝) 놀라게 하다
□□ 0100	opportunity	n. 기회, 가망
□□ 0101	ignore	v. 무시하다, 모르는 체하다
	= disregard	v. 무시하다, 경시하다
	neglect	v. 무시하다, 게을리하다
□□ 0102	contact	v. 접촉하다, 연락하다 n. 접촉, 연락
□□ 0103	various	a. 다양한, 여러 가지의
□□ 0104	diverse	a. 다양한, 다른
	⇔ similar	a. 비슷한, 유사한
□□ 0105	performance	n. 공연, 성과, 수행
□□ 0106	contain	v. 포함하다, 억누르다
□□ 0107	involve	v. 포함[수반]하다, 관련시키다
	= include	v. 포함하다
	⇔ exclude	v. 제외하다

□□ 0108	concentrate	v. 집중하다, 전력을 기울이다
	↔ distract	v. 주의를 산만하게 하다, 흩뜨리다
□□ 0109	disturb	v. 방해하다, 어지럽히다
□□ 0110	due	a. 만기가 된, ~을 하기로 되어 있는
□□ 0111	examine	v. 조사하다, 검진하다, 시험하다
□□ 0112	investigate	v. 조사하다, 연구하다
	= inspect	v. 조사하다, 감사하다
□□ 0113	research	v. 연구[조사]하다 n. 연구, 조사
□□ 0114	material	n. 재료, 자료, 물질 a. 물질의, 육체적인
	= substance	n. 물질, 물체
□□ 0115	medical	a. 의학의, 의료의
□□ 0116	pursue	v. 추구하다, 추적하다
□□ 0117	alter	v. 바꾸다, 변경하다
	= change	v. 바꾸다, 변경하다
□□ 0118	according to	~에 따라서, ~에 따르면
□□ 0119	participate in	~에 참여하다, ~에 참가하다
	= take part in	~에 참여하다
□□ 0120	look into	~을 조사하다, ~을 주의 깊게 살피다
	= investigate	v. 조사하다

DAY 04

□□ 0121	circumstance	n. 환경, 상황, 형편
□□ 0122	environment	n. (자연·주변의) 환경
□□ 0123	active	a. 활동적인, 적극적인, 활발한
	↔ passive	a. 수동적인, 소극적인
□□ 0124	community	n. 지역 사회, 공동체
□□ 0125	necessity	n. 필요(성), 필수품
□□ 0126	effort	n. 노력, 수고, 결과
□□ 0127	participation	n. 참가, 참여
□□ 0128	regular	a. 규칙적인, 정기적인, 보통의 n. 단골손님
	↔ irregular	a. 불규칙한, 비정규의
□□ 0129	development	n. 발전, 성장, 개발
□□ 0130	progress	n. 진전, 진보 v. 진보[발전]하다, 전진하다
□□ 0131	permit	v. 허락[허용]하다
□□ 0132	forbid	v. 금지하다
	= prohibit	v. 금지하다
□□ 0133	emission	n. 배출, 방출, 배출물
□□ 0134	perspective	n. 관점, 시각, 원근법
□□ 0135	conservative	a. 보수적인, 보수주의의

□□ 0136	entire	a. 전체의, 완전한
	↔ partial	a. 부분적인, 불공평한
□□ 0137	measure	v. 측정하다, 재다 n. 측정, 조치
□□ 0138	maintain	v. 유지하다, 지지하다, 부양하다
□□ 0139	support	v. 지지하다, 지원하다, 부양하다 n. 지지, 후원
□□ 0140	prevent	v. 막다, 예방하다
□□ 0141	occur	v. 발생하다, 일어나다, 생각나다
	= happen	v. 발생하다
□□ 0142	passion	n. 열정, 격정
	= enthusiasm	n. 열정, 열광
□□ 0143	determine	v. 결정하다, 밝혀내다
□□ 0144	influence	n. 영향(력) v. 영향을 주다
	= affect	v. 영향을 주다
□□ 0145	impact	n. 영향, 충격 v. 영향[충격]을 주다
□□ 0146	immediate	a. 즉각적인, 직접의
	= instant	a. 즉각적인, 즉석 요리의
□□ 0147	military	n. 군대 a. 군대의
□□ 0148	ancient	a. 고대의, 옛날의
	↔ modern	a. 현대의

□□ 0149	emphasize	v. 강조[역설]하다, 두드러지게 하다
	⊜ highlight	v. 강조하다, 강하게 비추다
	accent	v. 강조하다, 역설하다
□□ 0150	preference	n. 선호(도), 선호하는 것
□□ 0151	respect	v. 존경[존중]하다 n. 존경, 측면
□□ 0152	concern	n. 염려, 관심사 v. 관련되다
	⊜ anxiety	n. 염려, 걱정거리
□□ 0153	forecast	v. 예측하다, 예보하다 n. 예측, 예보
□□ 0154	predict	v. 예측하다, 예언하다
□□ 0155	tendency	n. 경향, 추세, 성향
	⊜ trend	n. 경향, 동향, 추세
□□ 0156	function	n. 기능, 행사 v. 작용하다
□□ 0157	significant	a. 중요한, 의미 있는, 상당한
	⊜ considerable	a. 상당한
	⇔ insignificant	a. 대수롭지 않은, 사소한
□□ 0158	due to	~ 때문에, ~에 기인하는
	⊜ because of	~ 때문에
	owing to	~ 때문에
□□ 0159	be aware of	~을 인식하다, ~을 알다, ~을 깨닫다
□□ 0160	provide A with B	A에게 B를 제공하다
	⊜ provide B for[to] A	A에게 B를 제공하다

DAY
05

□□	0161	apologize	v. 사과하다
□□	0162	confuse	v. 혼동하다, 혼란시키다
□□	0163	disorder	n. 무질서, 혼란, 장애
		= chaos	n. 혼돈, 혼란
□□	0164	gather	v. 모이다, 모으다
□□	0165	recommend	v. 권(장)하다, 추천하다
□□	0166	suppose	v. 가정하다, 추정하다
		= assume	v. 가정하다, 추정하다
□□	0167	accident	n. 사고, 재난, 우연
		= incident	n. (작은) 사건, 사고
□□	0168	adjust	v. 조정하다, 조절하다
□□	0169	aspect	n. 측면, 양상, 관점
□□	0170	purchase	v. 구입하다 n. 구입, 구입품
□□	0171	purpose	n. 목적, 의도, 결심
		= aim	n. 목적, 목표, 겨냥
□□	0172	organize	v. 조직하다, 준비하다, 정리하다
□□	0173	arrange	v. 정리[배열]하다, 준비하다
□□	0174	communicate	v. 의사소통을 하다, (정보를) 전달하다
□□	0175	represent	v. 대표하다, 나타내다, 대변하다

□□ 0176 treatment — n. 치료(법), 대우, 처리
⊜ therapy — n. 치료(법)

□□ 0177 approach — v. 접근하다 n. 접근

□□ 0178 claim — v. 주장하다, 요구하다 n. 주장, 요구, 청구

□□ 0179 disappoint — v. 실망시키다, 낙담시키다
⇔ satisfy — v. 만족시키다

□□ 0180 observe — v. 관찰하다, 목격하다, 준수하다

□□ 0181 compare — v. 비교하다, 비유하다

□□ 0182 alarm — n. 경보, 불안 v. 불안하게 하다, 경보를 발하다

□□ 0183 exist — v. 존재하다, (근근이) 살아가다

□□ 0184 attract — v. (주의·관심 등을) 끌다, 끌어들이다, 매혹하다

□□ 0185 crucial — a. 결정적인, 중대한
⊜ critical — a. 중대한, 비판적인

□□ 0186 display — v. 전시하다, 드러내다 n. 전시
⊜ reveal — v. 드러내다, 누설하다
⇔ conceal — v. 숨기다

□□ 0187 exhibit — v. 전시하다, 보이다 n. 전시품

□□ 0188 describe — v. 묘사하다, 설명하다
⊜ depict — v. 묘사하다, 그리다
portray — v. 묘사하다, 그리다

□□ 0189	reward	n. 보상, 사례금 v. 보상하다
	⊜ compensation	n. 보상, 배상
	⊖ punishment	n. 벌, 처벌
□□ 0190	motivate	v. 동기를 부여하다, 자극하다
	⊖ discourage	v. 단념시키다
□□ 0191	general	a. 일반적인, 보통의, 종합적인 n. 장군
□□ 0192	universal	a. 보편적인, 전 세계의, 우주의
□□ 0193	specific	a. 구체적인, 특정한, 특유의
	⊖ common	a. 일반적인, 평범한
□□ 0194	fee	n. 수수료, 요금
□□ 0195	demand	v. 요구하다 n. 요구, 수요
	⊖ supply	n. 공급 v. 공급하다
□□ 0196	handle	v. 다루다, 처리하다 n. 손잡이
□□ 0197	manage	v. 관리하다, 다루다, 용케 해내다
□□ 0198	refer to	~을 가리키다, ~을 언급하다, ~을 참고하다
	⊜ mention	v. 언급하다
□□ 0199	take on	~을 떠맡다, ~을 고용하다, (특정한 특질을) 띠다
	⊜ undertake	v. 떠맡다
	employ	v. 고용하다
□□ 0200	pay attention to	~에 유의하다, ~에 주목하다

DAY 06

□□ 0201	category	**n.** 범주, 부문
□□ 0202	except	**p.** ~을 제외하고 **v.** 제외하다
□□ 0203	discuss	**v.** 토론하다, 논의하다
□□ 0204	debate	**v.** 토론[논의]하다, 숙고하다 **n.** 토론, 논쟁
□□ 0205	judgment	**n.** 판단, 판결, 의견
□□ 0206	consume	**v.** 소비[소모]하다, 섭취하다
	⇔ produce	v. 생산하다, 제작하다
□□ 0207	alive	**a.** 살아 있는
□□ 0208	valuable	**a.** 소중한, 값비싼
	⇔ valueless	a. 가치가 없는, 하찮은
□□ 0209	complain	**v.** 불평[항의]하다, 호소하다
□□ 0210	replace	**v.** 대체[대신]하다, 교체하다
□□ 0211	norm	**n.** 표준, 기준, 규범
□□ 0212	standard	**n.** 표준, 기준, 수준, (도덕) 규범 **a.** 일반적인, 표준의
□□ 0213	advertise	**v.** 광고하다, 알리다
□□ 0214	awareness	**n.** 의식, 인식
□□ 0215	concept	**n.** 개념, 생각
	= notion	n. 관념, 생각

□□ 0216	respond	v. 반응하다, 응답하다
	↔ stimulate	v. 자극[격려]하다, 관심을 불러일으키다
□□ 0217	credit	n. 신용, 입금, 학점 v. 신용하다, (공로를) ~에게 돌리다
□□ 0218	poison	n. 독, 독약 v. 독을 넣다, 해치다
□□ 0219	indicate	v. 나타내다, 가리키다, 암시하다
□□ 0220	chemical	a. 화학의, 화학 작용의 n. 화학 약품[물질]
□□ 0221	primary	a. 주요한, 최초의, 초등의, 근본적인
	= major	a. 주요한, 연장의
□□ 0222	essential	a. 필수의, 중요한, 본질적인
□□ 0223	opinion	n. 의견, 견해
□□ 0224	efficient	a. 효율적인, 유능한
	↔ inefficient	a. 비효율적인, 효과 없는
□□ 0225	welfare	n. 복지, 행복
	= well-being	n. 복지, 안녕
□□ 0226	eliminate	v. 없애다, 제거[배제]하다
	= remove	v. 제거하다
	↔ preserve	v. 보존하다, 유지하다
□□ 0227	locate	v. 두다, ~의 위치를 알아내다
□□ 0228	invention	n. 발명, 발명품, 날조

□□ 0229	ideal	a. 이상적인, 상상의 n. 이상, 공상
□□ 0230	realistic	a. 현실적인, 사실주의의
□□ 0231	conclude	v. 결론을 내리다, 끝내다
□□ 0232	struggle	v. 분투하다, 애쓰다 n. 싸움, 노력
	= strive	v. 분투하다, 노력하다
□□ 0233	unique	a. 유일한, 독특한
	↔ ordinary	a. 평범한, 보통의
□□ 0234	proper	a. 적절한, 올바른
□□ 0235	appropriate	a. 적절한, 적합한
□□ 0236	supplement	v. 보충하다 n. 보충(물), 추가(물)
	= complement	n. 보완(물) v. 보완하다
□□ 0237	trial	n. 시도, 재판
□□ 0238	infant	n. 유아, 젖먹이, 아기
□□ 0239	run out of	~을 다 써 버리다, ~을 바닥내다
	= deplete	v. 다 써 버리다, 고갈시키다
	exhaust	v. 다 써 버리다, 기진맥진하게 만들다
□□ 0240	can afford to *do*	~할 여유가 있다

DAY 07

□□ 0241	protest	v. 항의하다, 주장하다 n. 항의, 시위
□□ 0242	organic	a. 유기의, 생물의, 장기[기관]의, 유기농의
□□ 0243	brilliant	a. 훌륭한, 뛰어난, 눈부신
	⊜ outstanding	a. 뛰어난, 두드러진
□□ 0244	finance	n. 재정, 재무, 자금 v. 자금을 대다
□□ 0245	incredible	a. 믿을 수 없는, 놀라운, 대단한
	⊜ unbelievable	a. 믿을 수 없는
	↔ credible	a. 믿을 수 있는
□□ 0246	interest	n. 관심, 흥미, 이자 v. ~의 관심을 끌다
□□ 0247	rare	a. 드문, 희박한
	⊜ scarce	a. 부족한, 드문
□□ 0248	employ	v. 고용하다, 이용하다
□□ 0249	hire	v. 고용하다
□□ 0250	define	v. 정의하다, 규정하다
□□ 0251	donate	v. 기부[기증]하다
□□ 0252	average	n. 평균, 표준 a. 평균의
□□ 0253	gender	n. 성(性), 성별
□□ 0254	invest	v. 투자하다, (시간·노력 등을) 쏟다

□□ 0255	previous	a. 이전의, 먼저의
	⇔ subsequent	a. 이 다음의, 차후의
□□ 0256	worth	a. ~의[할] 가치가 있는 n. 가치
	= value	n. 가치, 값
□□ 0257	alternative	n. 대안, 양자택일 a. 대체의, 양자택일의
□□ 0258	factor	n. 요인, 요소
□□ 0259	element	n. 요소, 성분, 원소, 원리
□□ 0260	deadly	a. 치명적인, 극도의 ad. 죽은 듯이, 극도로
	= fatal	a. 치명적인, 생명에 관계되는
□□ 0261	firm	a. 단단한, 확고한 n. 회사 v. 단단하게 하다
	= solid	a. 단단한, 고체의
□□ 0262	independence	n. 독립, 자립
□□ 0263	occasion	n. 때, 경우, 행사
□□ 0264	publish	v. 출판[발행]하다, 발표하다
□□ 0265	appearance	n. 겉모습, 외모, 출현
	= advent	n. 도래, 출현
	emergence	n. 출현, 발생
□□ 0266	appoint	v. 임명[지명]하다, (시간·장소 등을) 정하다
	= designate	v. 지명하다, 임명하다
	nominate	v. 지명하다, 임명하다

DAY 07

□□	0267	blend	v. 섞다[섞이다], 어울리다 n. 혼합(물)
		= mix	v. 섞다, 혼합하다
□□	0268	barrier	n. 장벽, 장애물, 한계
□□	0269	obstacle	n. 장애(물)
□□	0270	detect	v. 발견하다, 탐지하다, 감지하다
		= perceive	v. 감지하다, 인지하다
□□	0271	education	n. 교육, 훈련
□□	0272	enormous	a. 거대한, 막대한
		= tremendous	a. 엄청난, 거대한
□□	0273	vast	a. 거대한, 방대한
□□	0274	tiny	a. 아주 작은[적은]
□□	0275	ordinary	a. 평범한, 보통의
		↔ extraordinary	a. 비범한, 특별한
□□	0276	application	n. 지원, 신청(서), 적용
□□	0277	reasonable	a. 합리적인, 분별 있는, (가격이) 적정한
		= rational	a. 합리적인, 이성적인
		↔ unreasonable	a. 불합리한, 부당한
□□	0278	abandon	v. 버리다, 포기하다
		= give up	포기하다

□□ 0279 get used to | ~에 익숙해지다
⊜ get accustomed to | ~에 익숙해지다

□□ 0280 figure out | ~을 알아내다, ~을 이해하다
⊜ work out | ~을 이해하다

DAY 08

□□ 0281	accurate	a. 정확한, 정밀한
	↔ inaccurate	a. 부정확한
□□ 0282	precise	a. 정확한, 정밀한, 꼼꼼한
□□ 0283	estimate	v. 추정하다, 평가하다 n. 추정, 견적
	= evaluate	v. 평가하다, 감정하다
□□ 0284	compete	v. 경쟁하다, 겨루다
□□ 0285	submit	v. 제출하다, 굴복하다
	= surrender	v. 굴복하다, 항복하다
□□ 0286	grab	v. 붙잡다, 움켜잡다 n. 움켜잡음
	= grasp	v. 움켜잡다, 파악하다
	seize	v. 붙잡다, 장악하다
□□ 0287	theory	n. 이론, 학설
□□ 0288	document	n. 문서, 서류 v. 기록하다
□□ 0289	enable	v. (~을) 할 수 있게 하다, 가능하게 하다
□□ 0290	avoid	v. 피하다, 막다
□□ 0291	escape	v. 달아나다, 탈출하다 n. 탈출, 도망
	= flee	v. 달아나다, 도망하다
□□ 0292	innovate	v. 혁신하다, 쇄신하다
□□ 0293	insight	n. 통찰력, 이해

□□ 0294	insurance	n. 보험
□□ 0295	infection	n. 감염, 전염
□□ 0296	vehicle	n. 차량, 탈것, 운송 수단
□□ 0297	belong	v. 속하다, 제자리에 있다
□□ 0298	celebrate	v. 기념하다, 축하하다, 찬양하다
□□ 0299	demonstrate	v. 시범을 보이다, 증명하다, 시위하다
□□ 0300	disaster	n. 재난, 재앙
□□ 0301	economic	a. 경제의, 경제학의
□□ 0302	household	n. 가족, 가정 a. 가족[가정]의
□□ 0303	assign	v. 할당하다, 임명하다, 지정하다
	= allocate	v. 할당하다, 배분하다
	designate	v. 임명하다, 지정하다
□□ 0304	transfer	v. 옮기다, 갈아타다 n. 이동, 이전, 환승
□□ 0305	preserve	v. 보존하다, 지키다, 저장하다
	= conserve	v. 보존하다, 보호하다
	store	v. 저장하다, 비축하다
□□ 0306	opposite	a. 정반대의, 맞은편의 n. 정반대의 것
	= reverse	a. 반대의, 역전하는 v. 거꾸로 하다, 뒤집다

□□ 0307	satisfaction	n. 만족(감)
	⊜ contentment	n. 만족(하기)
	⊖ dissatisfaction	n. 불만(족), 불평
□□ 0308	comfort	n. 편안함, 위로 v. 편하게 하다, 위로하다
	⊖ discomfort	n. 불편, 불쾌 v. 불편하게 하다
□□ 0309	ease	n. 편안함, 용이함 v. 편하게 하다, 덜어 주다
□□ 0310	motion	n. 운동, 움직임, 동작 v. 몸짓으로 신호하다
□□ 0311	operation	n. 수술, 운영, 작업
□□ 0312	blame	v. 비난하다, ~의 책임[탓]으로 돌리다 n. 비난, 책임
	⊜ accuse	v. 비난하다, 고발하다
□□ 0313	refreshing	a. 상쾌하게 하는, 신선한
□□ 0314	trend	n. 경향, 추세, 유행
	⊜ tendency	n. 경향, 풍조, 추세
□□ 0315	journal	n. 신문, 간행물, 일기
□□ 0316	private	a. 사적인, 사유의, 비밀의
□□ 0317	sentence	n. 문장, 판결, 선고 v. 판결을 내리다, 형을 선고하다
□□ 0318	majority	n. (대)다수, 대부분
	⊖ minority	n. 소수, 소수당

□□ 0319 dozens of | 수십의, 많은
= scores of | 수십의, 많은

□□ 0320 rather than | ~보다는, ~ 대신에, ~하지 말고
= instead of | ~ 대신에, ~하지 말고

□□ 0321	punish	v. (처)벌하다, 응징하다
	⇔ praise	v. 칭찬하다
□□ 0322	civilization	n. 문명
□□ 0323	construct	v. 건설하다, 구성하다
	⇔ destroy	v. 파괴하다
	demolish	v. 철거하다, 허물다
□□ 0324	recall	v. 기억해 내다, 상기시키다, 회수하다 n. 회상, 회수
□□ 0325	gradually	ad. 점차(적으로), 서서히
	⇔ rapidly	ad. 신속히, 재빨리
	radically	ad. 급진적으로, 과격하게
□□ 0326	delay	v. 미루다, 연기하다, 지체하게 하다 n. 지연, 연기
□□ 0327	genetic	a. 유전적인, 유전학의
□□ 0328	sustainable	a. 지속 가능한, 견딜 수 있는
□□ 0329	register	v. 등록하다, 기록하다 n. 등록
□□ 0330	rotate	v. 회전하다, 교대로 하다, 자전하다
	= revolve	v. 회전하다, 공전하다
	alternate	v. 교대로 하다, 번갈아하다
□□ 0331	declare	v. 선언하다, 발표하다, (과세품을) 신고하다
	= announce	v. 발표하다, 알리다

□□ 0332	reputation	n. 평판, 명성
	⊜ fame	n. 명성, 평판
	prestige	n. 위신, 명성
□□ 0333	settle	v. 해결하다, 정착하다, 안정시키다
□□ 0334	agent	n. 대리인, 중개인, (공공 기관의) 직원
□□ 0335	crisis	n. 위기 (*pl.* crises)
□□ 0336	guilty	a. 유죄의, 죄책감을 느끼는
□□ 0337	innocent	a. 무죄인, 악의 없는, 순수한
□□ 0338	analyze	v. 분석하다
□□ 0339	commit	v. (죄·과실 등을) 저지르다, 전념하다, 약속하다
□□ 0340	comment	n. 논평, 언급, 의견 v. 논평하다, 의견을 말하다
	⊜ remark	n. 주목, 비평 v. 주목하다, 의견을 말하다
□□ 0341	edit	v. 편집하다, 교정하다 n. 사설, 논설
□□ 0342	equip	v. 장비를 갖추다, 채비를 하다
□□ 0343	genius	n. 천재성, 천재
□□ 0344	adequate	a. 적당한, 충분한, 적임인
	⊜ appropriate	a. 적당한, 적절한
	⟺ inadequate	a. 부적당한, 불충분한
□□ 0345	aggressive	a. 공격적인, 매우 적극적인, 침략적인
	⟺ submissive	a. 순종적인, 유순한

□□ 0346	load	n. 짐, 부담 v. (짐을) 싣다, 장전하다
	⊜ burden	n. 부담, 짐
□□ 0347	manufacture	v. 제조하다, 생산하다 n. 제조, 제품
□□ 0348	acknowledge	v. 인정하다
□□ 0349	deny	v. 부인하다, 거부하다
□□ 0350	behavior	n. 행동, 태도
□□ 0351	mature	a. 성숙한, 숙성한 v. 자라다, 성숙하다, 완성되다
	↔ immature	a. 미성숙한
□□ 0352	thrust	v. 밀다, 찌르다, 끼어들다 n. 밀기, 추진력
□□ 0353	corporate	a. 기업[회사]의, 법인의
□□ 0354	severe	a. 심각한, 엄격한
	⊜ serious	a. 심각한, 중대한
	strict	a. 엄격한, 엄한
□□ 0355	alert	a. 기민한, 경계하는 n. 경계경보, 경계 (태세) v. 알리다, 경보를 발하다
□□ 0356	violent	a. 폭력적인, 격렬한, 심한
□□ 0357	glow	v. 빛나다, 타다, 상기되다 n. 불빛, 홍조
	⊜ shine	v. 빛나다, 반짝이다
□□ 0358	guarantee	v. 보증하다 n. 보증, 담보
□□ 0359	be based on	~에 바탕을 두다, ~에 근거하다, ~에 기초하다
□□ 0360	remind A of B	A에게 B를 상기시키다[생각나게 하다]

DAY 10

□□ 0361	obvious	a. 명백한, 분명한
□□ 0362	apparent	a. 분명한, 외관상의
□□ 0363	persist	v. 고집하다, 지속되다
□□ 0364	temporary	a. 일시적인, 임시의
	= momentary	a. 순간의, 일시적인
□□ 0365	permanent	a. 영구적인, 영원한
	= eternal	a. 영구한, 영원한
□□ 0366	rescue	v. 구조하다 n. 구조, 구출
□□ 0367	embrace	v. 받아들이다, 수용하다, 포옹하다
	= accept	v. 받아들이다, 수락하다
	hug	v. 껴안다
	↔ reject	v. 거절하다, 거부하다
□□ 0368	tremble	v. 떨다, 흔들리다, 걱정하다 n. 떨림
	= shiver	v. 떨다 n. 떨림, 전율
□□ 0369	ancestor	n. 조상, 선조
	= ascendant	n. 선조, 조상
	↔ offspring	n. 자식, 자손, 후예
	descendant	n. 자손, 후예
□□ 0370	cautious	a. 조심스러운, 신중한
	= careful	a. 조심스러운, 주의 깊은

□□ 0371	clarify	v. 명확히[분명히] 하다, 정화하다
□□ 0372	drag	v. 끌다, 끌리다 n. 끌기, 장애물
	⊜ draw	v. 끌다, 당기다, 그리다
□□ 0373	horizontal	a. 수평(선)의, 가로의
□□ 0374	vertical	a. 수직의, 세로의
□□ 0375	remarkable	a. 주목할 만한, 놀랄 만한, 훌륭한
	⊜ notable	a. 주목할 만한, 현저한
	astonishing	a. 놀랄 만한
	⇔ ordinary	a. 평범한
□□ 0376	individual	n. 개인 a. 개개의, 개인적인
□□ 0377	memorize	v. 암기하다, 기억하다
□□ 0378	retire	v. 퇴직하다, 철수하다
□□ 0379	athlete	n. 운동선수
□□ 0380	victim	n. 희생, 희생자
□□ 0381	aboard	ad. (배·항공기 등을) 타고 p. (배·항공기 등의) 안으로
□□ 0382	departure	n. 출발, 출항
	⇔ arrival	n. 도착, 입항
□□ 0383	broaden	v. 넓어지다, 넓히다
□□ 0384	extend	v. 넓히다, 연장하다, 뻗다

□□ 0385	sacrifice	n. 희생, 제물 v. 희생하다, 제물로 바치다
□□ 0386	devise	v. 고안하다, 발명하다
□□ 0387	electricity	n. 전기
□□ 0388	logical	a. 논리적인, 타당한
□□ 0389	inherit	v. 물려받다, 이어받다, 상속받다
	↔ leave	v. 물려주다, 남기다
□□ 0390	length	n. 길이, 시간
□□ 0391	initial	a. 처음의, 초기의 n. 머리글자
□□ 0392	qualified	a. 자격 있는, 적임의
□□ 0393	reform	v. 개혁하다, 개선하다 n. 개혁, 개선
	= innovate	v. 혁신하다
□□ 0394	regulate	v. 통제하다, 조절하다
	= control	v. 통제하다
	adjust	v. 조절하다, 조정하다
□□ 0395	delicate	a. 섬세한, 연약한, 정교한
	= elaborate	a. 정교한, 공들인
□□ 0396	resist	v. 저항하다, 견디다
□□ 0397	restrict	v. 제한하다, 한정하다
	= limit	v. 제한하다, 한정하다

□□ 0398 **possess** v. 소유하다, 지니다, 사로잡다

⊜ own v. 소유하다

□□ 0399 **be related to** ~와 관계가 있다, ~와 연관되다

⊜ have something to do with ~와 관계가 있다

be associated with ~와 연관되다

□□ 0400 **contribute to** ~에 기여하다, ~의 원인이 되다

□□ 0401	population	n. 인구, 주민, 개체군
□□ 0402	foster	v. 양육하다, 육성하다, 촉진하다
□□ 0403	nurture	v. 양육하다, 육성하다 n. 양육, 교육
□□ 0404	available	a. 이용할[얻을] 수 있는, 시간이 있는
□□ 0405	discover	v. 발견하다, 알아내다, 발굴하다
□□ 0406	carbon	n. 탄소
□□ 0407	pressure	n. 압력, 압박(감)
□□ 0408	accuse	v. 고발하다, 비난하다
	= charge	v. 고발하다, 고소하다
□□ 0409	outstanding	a. 뛰어난, 눈에 띄는, 현저한
	= remarkable	a. 주목할 만한
	noticeable	a. 눈에 띄는
□□ 0410	conversation	n. 대화, 대담
	= discourse	n. 담화, 강연
□□ 0411	massive	a. 거대한, 대량의
	= enormous	a. 거대한, 매우 큰
	↔ tiny	a. 아주 작은
□□ 0412	analogy	n. 비유, 유사, 유추
	= metaphor	n. 은유, 비유
	similarity	n. 유사

□□ 0413	wound	v. 상처를 입히다, 감정을 상하게 하다 n. 상처, 부상
	= injure	v. 상처를 입히다
□□ 0414	cause	v. 원인이 되다, 야기[초래]하다 n. 원인
	↔ effect	n. 결과, 효과
□□ 0415	consequence	n. 결과, 영향(력), 중요함
	= result	n. 결과
□□ 0416	election	n. 선거, 당선
□□ 0417	trace	v. 추적하다, 추적하여 찾아내다 n. 자취, 흔적
	= track	v. 추적하다 n. 흔적, 자취
□□ 0418	wire	n. 철사, 전선 v. (전선을) 연결하다
□□ 0419	restore	v. 회복시키다, 복원하다, 되찾다
	= reconstruct	v. 재건하다, 복원하다
□□ 0420	cognitive	a. 인식의, 인지의
□□ 0421	biological	a. 생물학의, 생(물)체의
□□ 0422	ability	n. 능력, 재능
□□ 0423	capacity	n. 용량, 수용력, 능력
	↔ incapacity	n. 무능, 무력
□□ 0424	ingredient	n. (요리의) 재료, 성분, 구성 요소
	= component	n. 성분, 구성 요소

□□ 0425 adversity　n. 역경, 불운
⊜ hardship　n. 고난, 곤경

□□ 0426 intelligent　a. 지적인, 지성을 갖춘

□□ 0427 multiple　a. 다수의, 많은, 복합적인
⊜ numerous　a. 다수의, 많은

□□ 0428 exotic　a. 외국의, 이국적인
⊜ foreign　a. 외국의, 외국산의

□□ 0429 reference　n. 언급, 참조, 추천서, 참고 문헌

□□ 0430 scatter　v. (흩)뿌리다, 흩어지다[흩어지게 하다]
⊜ disperse　v. 흩어지다, 해산시키다
⊖ assemble　v. 모으다, 집합시키다

□□ 0431 conflict　n. 갈등, 충돌 v. 충돌[대립]하다

□□ 0432 friction　n. 마찰, 갈등

□□ 0433 asset　n. 자산, 재산
⊜ property　n. 재산, 부동산

□□ 0434 professional　a. 직업의, 전문적인 n. 전문가, 프로 (선수)

□□ 0435 disclose　v. 밝히다, 폭로하다, 드러내다
⊜ reveal　v. 폭로하다, 드러내다

□□ 0436 negotiate　v. 협상[교섭]하다, 타결하다

□□ 0437 split | v. 나누다[나뉘다], 분열하다, 갈라지다
= divide | v. 나누다
↔ join | v. 결합하다

□□ 0438 have difficulty (in) -ing | ~하는 데 어려움을 겪다
= have trouble[a hard time] -ing | ~하는 데 어려움을 겪다

□□ 0439 go through | ~을 겪다, ~을 거치다, ~을 조사하다
= undergo | v. 경험하다

□□ 0440 be regarded as | ~으로 간주되다[여겨지다]
= be considered [viewed] as | ~으로 여겨지다
be thought of as | ~으로 여겨지다

□□ 0441	modern	a. 현대의 n. 현대인
	⇔ ancient	a. 고대의
□□ 0442	contemporary	a. 동시대의, 현대의, 당대의 n. 동시대인
□□ 0443	urgent	a. 긴급한, 시급한
□□ 0444	relevant	a. 관련된, 적절한, 유의미한
	⇔ irrelevant	a. 무관한, 상관없는
□□ 0445	explicit	a. 분명한, 명백한, 솔직한
	⇔ implicit	a. 함축적인, 암시적인
□□ 0446	approve	v. 승인하다, 찬성하다, 인가하다
	⇔ disapprove	v. 찬성하지 않다
□□ 0447	confront	v. 맞서다, 직면하게 만들다
□□ 0448	poverty	n. 가난, 빈곤
□□ 0449	wealth	n. 부, 재산, 풍부
	= fortune	n. 부, 재산
	abundance	n. 풍부
□□ 0450	integrate	v. 통합하다, 통합되다
	= combine	v. 결합시키다
	⇔ separate	v. 분리하다, 가르다
□□ 0451	destructive	a. 파괴적인
	⇔ constructive	a. 건설적인
□□ 0452	hierarchy	n. 위계, 계급(제), 지배층

□□ 0453	expertise	n. 전문 지식[기술]
□□ 0454	reproduce	v. 복제하다, 재생하다, 번식하다
□□ 0455	frequency	n. 빈도, 빈번함, 진동(수), 주파수
□□ 0456	identical	a. 동일한, 일치하는
□□ 0457	reinforce	v. 강화하다, 증강하다, 보강하다
	↔ weaken	v. 약하게 하다
□□ 0458	strengthen	v. 강화하다, 견고히 하다
□□ 0459	industrial	a. 산업의, 공업의
□□ 0460	classify	v. 분류하다, 구분하다
	= categorize	v. 분류하다, 유별하다
□□ 0461	mutual	a. 상호 간의, 서로의, 공동[공통]의
	= reciprocal	a. 상호의
□□ 0462	decorate	v. 장식하다, 꾸미다
□□ 0463	potential	a. 잠재적인, 가능성 있는 n. 잠재력, 가능성
□□ 0464	possibility	n. 가능성, 실현성, 장래성
	↔ impossibility	n. 불가능(성)
□□ 0465	implement	v. 이행하다, 실행하다 n. 도구
	= carry out	~을 실행하다
	tool	n. 도구

□□ 0466	widespread	a. 널리 퍼진, 광범위한
	= prevalent	a. 널리 퍼져 있는
	extensive	a. 광대한, 넓은
□□ 0467	resemble	v. 닮다, 유사하다
	= take after	~와 닮다
□□ 0468	fundamental	a. 근본적인, 본질적인, 필수적인
	= essential	a. 근본적인, 필수적인
□□ 0469	enthusiastic	a. 열정적인, 열렬한, 열심인
	= passionate	a. 열렬한, 열정적인
□□ 0470	consult	v. 상담하다, 상의하다, 참고하다
□□ 0471	disadvantage	n. 단점, 약점, 불이익
	↔ advantage	n. 이점, 장점
□□ 0472	drawback	n. 단점, 결점, 장애
	= barrier	n. 장애, 방해
	↔ benefit	n. 장점, 이익
□□ 0473	steady	a. 꾸준한, 한결같은
	= constant	a. 꾸준한, 일정한
□□ 0474	primitive	a. 원시의, 원시적인
□□ 0475	dominant	a. 우세한, 지배적인
	↔ subordinate	a. 종속하는, 하급의

□□ 0476 inhabit | v. 거주하다, 살다
= dwell | v. 거주하다, 살다
reside | v. 거주하다, 살다

□□ 0477 adolescence | n. 청소년기

□□ 0478 attach | v. 붙이다, 첨부하다
↔ detach | v. 떼어 내다

□□ 0479 in terms of | ~의 관점에서, ~에 관해서

□□ 0480 bring about | ~을 야기[초래]하다, ~을 유발하다
= cause | v. 야기하다

Word BASIC
master

Word
∞ master

STEP 2

주제별 어휘로 실력 다지기

DAY 13

□□ 0481	applause	n. 박수갈채
□□ 0482	glance	v. 힐긋[얼핏] 보다 n. 힐긋 봄
	⊜ glimpse	v. 잠깐[언뜻] 보다 n. 언뜻 봄, 일견
□□ 0483	crawl	v. 기어가다, 서행하다 n. 기어가기, 서행
	⊜ creep	v. 기어가다, 살금살금 걷다
□□ 0484	hesitate	v. 주저하다, 망설이다
□□ 0485	make sense of	~을 이해하다, ~을 파악하다
□□ 0486	eager	a. 열망하는, 열심인
□□ 0487	impatient	a. 참을 수 없는, 성급한
□□ 0488	frank	a. 솔직한, 숨김없는
□□ 0489	arrogant	a. 거만한, 오만한
□□ 0490	humble	a. 겸손한, 비천한
	⊜ modest	a. 겸손한, 삼가는
□□ 0491	awkward	a. 서투른, 어색한
□□ 0492	sincere	a. 진실된, 진심의
□□ 0493	genuine	a. 진짜의, 진실한
□□ 0494	anticipate	v. 기대하다, 예상하다
	⊜ expect	v. 기대하다, 예상하다

□□	0495	responsible	a. 책임감 있는, 책임이 있는
		⇔ irresponsible	a. 무책임한
□□	0496	tolerate	v. 참다, 견디다, 용인하다
		= bear	v. 참다
□□	0497	endure	v. 견디다, 참다
□□	0498	put up with	~을 참다, ~을 참고 견디다
□□	0499	depression	n. 우울(증), 불황
□□	0500	ashamed	a. 부끄러워하는
□□	0501	delight	n. 기쁨 v. 기쁘게 하다
□□	0502	fascinated	a. 매료된, 매혹된
□□	0503	resent	v. 화를 내다, 분개하다
□□	0504	irritate	v. 짜증나게[화나게] 하다, 거슬리다
□□	0505	humiliate	v. 창피를 주다, 굴욕감을 느끼게 하다
		= insult	v. 창피를 주다, 모욕하다
□□	0506	impulse	n. 충동
□□	0507	reluctant	a. (마음이) 내키지 않는, 꺼리는
		⇔ willing	a. 기꺼이 ~하는
□□	0508	astonished	a. 깜짝 놀란
□□	0509	miserable	a. 비참한, 불쌍한

□□ 0510	arouse	v. 불러일으키다, 유발하다, 깨우다
	⊜ awaken	v. 깨우다, 불러일으키다
□□ 0511	frustrated	a. 좌절감을 느끼는
□□ 0512	empathy	n. 감정 이입, 공감
□□ 0513	offend	v. 감정을 상하게 하다, 위반하다
□□ 0514	compassion	n. 동정, 연민
	⊜ sympathy	n. 동정, 공감
□□ 0515	despair	n. 절망 v. 절망하다
□□ 0516	confident	a. 자신감 있는, 확신하는
□□ 0517	jealous	a. 질투하는
	⊜ envious	a. 샘내는, 부러워하는
□□ 0518	ridiculous	a. 터무니없는, 어리석은, 우스운
□□ 0519	generous	a. 관대한, 후한
□□ 0520	faithful	a. 충실한

□□	0521	occupation	n. 직업, 점유
□□	0522	supervise	v. 감독하다, 관리하다, 통제하다
		⊜ direct	v. 감독하다, 지휘하다
□□	0523	specialize	v. 전문적으로 하다, 전공하다
□□	0524	bond	n. 유대, 결속, 채권
□□	0525	certificate	n. 증명서, 자격증
□□	0526	chief	n. (단체의) 장(長), 우두머리 a. 주요한, 최고의
□□	0527	collaborate	v. 협력하다
□□	0528	deprive	v. 박탈하다, 빼앗다
		⊜ rob	v. 빼앗다, 강탈하다
□□	0529	colleague	n. (직장) 동료
		⊜ coworker	n. 동료, 협력자
□□	0530	shift	v. 바꾸다, 이동하다 n. 변화, 이동, 교대
□□	0531	outcome	n. 결과, 성과
		⊜ consequence	n. 결과
		↔ reason	n. 이유, 동기
□□	0532	exceed	v. 넘어서다, 초과하다
□□	0533	procedure	n. 절차, 수순
□□	0534	attendant	n. 종업원, 수행원

□□ 0535	negotiation	n. 협상
□□ 0536	incentive	n. 동기, 유인, 장려(책)
	⊜ inducement	n. 유인, 동기, 자극
□□ 0537	strategy	n. 전략
□□ 0538	challenge	n. 도전, 난관 v. 도전하다
□□ 0539	routine	n. 일과, 늘 하던 방식 a. 일상적인
□□ 0540	shelter	n. 피난처, 주거지, 보호소 v. 보호하다, 피하다
□□ 0541	withdraw	v. 인출하다, 철회하다
□□ 0542	deposit	v. 예금하다, 맡기다 n. 예금, 보증금
□□ 0543	secure	a. 안전한, 안정된 v. 안전하게 하다
	⇔ insecure	a. 불안전한, 불안정한
□□ 0544	chore	n. 허드렛일, 집안일
□□ 0545	react	v. 반응하다, 반작용하다
□□ 0546	urban	a. 도시의
	⇔ suburban	a. 교외의
□□ 0547	rural	a. 시골의
□□ 0548	complicated	a. 복잡한
	⊜ complex	a. 복잡한, 복합의

□□ 0549	resident	n. 거주자, 레지던트(수련의) a. 거주하는
	⊜ dweller	n. 거주자, 주민
□□ 0550	familiar	a. 익숙한, 친숙한, 잘 아는
	⊜ intimate	a. 친밀한, 친숙한
	⇔ unfamiliar	a. 생소한, 낯선
□□ 0551	miracle	n. 기적
□□ 0552	companion	n. 동반자, 동행, 친구
□□ 0553	keep up with	~에 뒤처지지 않다, ~을 따라가다
□□ 0554	make the most of	~을 최대한 활용하다
□□ 0555	exchange	n. 교환, 환전 v. 교환하다, 환전하다
	⊜ trade	v. 교환하다, 거래하다
□□ 0556	strain	n. 긴장, 부담 v. 긴장시키다, 혹사하다
□□ 0557	adventure	n. 모험
□□ 0558	destination	n. 목적지, 도착지, 목표
□□ 0559	accompany	v. 동행하다, 수반하다
□□ 0560	remote	a. 먼, 외진, 원격의
	⊜ distant	a. 먼, 떨어진
	isolated	a. 외딴, 고립된

DAY 15

□□ 0561	dominate	v. 지배하다, 우세하다
□□ 0562	govern	v. 통치하다, 지배[좌우]하다
□□ 0563	domestic	a. 국내의, 가정의
	⇔ foreign	a. 외국의
□□ 0564	territory	n. 영토, 세력권
□□ 0565	wield	v. (권력을) 행사하다, (무기를) 휘두르다
□□ 0566	region	n. 지역, 지방, 영역
□□ 0567	immigration	n. (입국) 이민, 이주
	⇔ emigration	n. (출국) 이민
□□ 0568	diplomat	n. 외교관
□□ 0569	candidate	n. 후보자
□□ 0570	compromise	v. 타협하다, 손상시키다 n. 타협
□□ 0571	radical	a. 급진적인, 과격한 n. 급진주의자
	⇔ gradual	a. 점차적인
□□ 0572	administration	n. 관리, 경영, 행정부
□□ 0573	executive	n. 중역, 간부, 경영진 a. 중역의, 실행하는
□□ 0574	refuge	n. 피난, 은신처, 위안

□□ 0575	authority	n. 권위, 당국
□□ 0576	democracy	n. 민주주의, 민주 국가
□□ 0577	in charge of	~할 책임이 있는, ~을 담당하는
□□ 0578	suspect	v. 의심하다 n. 용의자
□□ 0579	sue	v. 고소하다, 소송을 제기하다
□□ 0580	violate	v. 위반하다, 침해하다
	= disobey	v. 따르지 않다, 어기다
	invade	v. 침해하다
□□ 0581	patent	n. 특허, 특허권 v. 특허를 받다
□□ 0582	equivalent	a. 동등한, 상당하는 n. 동등한 것
□□ 0583	witness	n. 목격자, 증인 v. 목격하다, 증언하다
□□ 0584	priority	n. 우선 사항, 우선권
□□ 0585	ban	v. 금지하다 n. 금지
	= forbid	v. 금(지)하다
	↔ permit	v. 허락하다, 허용하다
□□ 0586	imprison	v. 투옥하다, 감금하다
□□ 0587	justify	v. 정당화하다
□□ 0588	privilege	n. 특권, 특혜 v. 특권을 주다

□□ 0589	dispute	n. 논쟁, 분쟁 v. 논쟁하다, 반박하다
	⊜ argue	v. 논쟁하다, 주장하다
□□ 0590	regardless of	~에 상관없이
□□ 0591	fund	n. 기금, 자금 v. 자금을 대다
□□ 0592	promote	v. 촉진하다, 홍보하다, 승진시키다
□□ 0593	owe	v. 빚지다, 신세지다
□□ 0594	debt	n. 빚, 부채
□□ 0595	commission	n. 수수료, 위원회
□□ 0596	refund	n. 환불 v. 환불하다
□□ 0597	distribute	v. 배포하다, 분배하다
□□ 0598	property	n. 재산, 특성
	⊜ asset	n. 재산, 자산
□□ 0599	commodity	n. 상품, 물품, 일용품
	⊜ merchandise	n. 상품, 제품
□□ 0600	industrialize	v. 산업화하다

□□ 0601	mixture	n. 혼합, 혼합물
□□ 0602	burst	v. 폭발하다, 터뜨리다 n. 파열
	⊜ explode	v. 폭발하다, 폭발시키다
	go off	폭발하다, 발사되다
□□ 0603	method	n. 방법, 수단
□□ 0604	laboratory	n. 실험실 a. 실험용의
□□ 0605	observation	n. 관찰, 관측, (관찰에 따른) 의견
□□ 0606	toxic	a. 독성의, 유독한
	↔ nontoxic	a. 무독성의
□□ 0607	vapor	n. 증기, 수증기 v. 증발하다
□□ 0608	gas	n. 기체, 가솔린
□□ 0609	fluid	n. 유체, 유동체 a. 유동체의
□□ 0610	liquid	n. 액체 a. 액체의, 유동체의
□□ 0611	solid	n. 고체 a. 고체의, 견고한
□□ 0612	metal	n. 금속
□□ 0613	extract	v. 추출하다, 뽑아내다 n. 추출물
□□ 0614	hypothesis	n. 가설, 가정 (*pl.* hypotheses)
□□ 0615	gravity	n. 중력, 중대성

□□ 0616	particle	n. 입자, 극소량
□□ 0617	component	n. 성분, 구성 요소, 부품 a. 구성하는
	= ingredient	n. (혼합물의) 성분, (요리의) 재료
□□ 0618	molecule	n. 분자, 미량
□□ 0619	keep A from -ing	A가 ~하는 것을 막다
□□ 0620	habitat	n. 서식지, 주거지
□□ 0621	species	n. 종(種), 종류
□□ 0622	mammal	n. 포유동물
□□ 0623	predator	n. 포식자, 약탈자
	↔ prey	n. 먹이, 희생
□□ 0624	migrate	v. 이주하다, (새·동물이) 이동하다
□□ 0625	survive	v. 살아남다, 생존하다, 견디다
□□ 0626	skeleton	n. 해골, 뼈대
□□ 0627	nerve	n. 신경
□□ 0628	stem	n. 줄기 v. 유래하다
□□ 0629	organism	n. 유기체, 생물
	= creature	n. 창조물, 생물
□□ 0630	branch	n. 나뭇가지, 지점, 분과
	= bough	n. (큰) 가지

□□ 0631	tissue	n. 조직, 화장지
□□ 0632	come up with	~을 생각해 내다
□□ 0633	volcanic	a. 화산의, 화산 작용에 의한
□□ 0634	vibrate	v. 떨다, 진동하다, 울리다
□□ 0635	layer	n. 층 v. 층층이 쌓다
□□ 0636	temperature	n. 온도, 기온, 체온
□□ 0637	glacier	n. 빙하
□□ 0638	astronomy	n. 천문학
□□ 0639	ray	n. 빛, 광선
	= beam	n. 광선, 전파
□□ 0640	consist of	~으로 이루어지다[구성되다]
	= be composed [comprised] of	~으로 구성되다
	be made (up) of	~으로 구성되다

DAY 17

□□ 0641	conquer	v. 정복하다, 극복하다, 이기다
□□ 0642	heritage	n. 유산
	⊜ legacy	n. 유산, 유증
□□ 0643	artificial	a. 인공의, 인위적인, 인조의
□□ 0644	conventional	a. 전통적인, 관습적인
	⊜ traditional	a. 전통적인
□□ 0645	colonial	a. 식민지의
□□ 0646	noble	a. 귀족의, 고귀한 n. 귀족
□□ 0647	ascend	v. 오르다, 올라가다
	⇔ descend	v. 내려오다, 물려주다
□□ 0648	empower	v. 권능을 주다, 권한을 주다
	⊜ authorize	v. 권한을 주다, 위임하다
□□ 0649	be derived from	~에서 유래하다, ~에서 파생되다
	⊜ stem from	~에서 유래하다
□□ 0650	take ~ into account	~을 고려[참작]하다
	⊜ consider	v. 고려하다
	take ~ into consideration	~을 고려[참작]하다
□□ 0651	philosophy	n. 철학
□□ 0652	profound	a. 심오한, 깊은

□□ 0653 shallow — a. 얕은, 피상적인, 천박한
= superficial — a. 피상적인, 표면의

□□ 0654 oppose — v. 반대하다, 방해하다, 대항하다

□□ 0655 spirit — n. 정신, 영혼

□□ 0656 ritual — n. 의식 a. 의식의, 의례적인
= ceremony — n. 의식, 의전

□□ 0657 substance — n. 물질, 실체, 본질

□□ 0658 prejudice — n. 편견 v. 편견을 갖게 하다

□□ 0659 bias — n. 편견, 편향 v. 편견[선입견]을 갖게 하다

□□ 0660 ultimate — a. 궁극적인, 최고의, 최후의

□□ 0661 absolute — a. 절대적인, 완전한

□□ 0662 humanity — n. 인류, 인간성, 인간애

□□ 0663 draft — n. 초안, 밑그림 v. 초안을 작성하다

□□ 0664 spell — v. 철자를 말하다[쓰다] n. 마법, 한동안[잠깐]

□□ 0665 modify — v. 수정하다, 변형하다

□□ 0666 comic — a. 희극의, 웃기는

□□ 0667 tragic — a. 비극의, 비참한

□□ 0668	simplify	v. 단순화하다, 간소화하다
	↔ complicate	v. 복잡하게 하다, 까다롭게 하다
□□ 0669	myth	n. 신화, (근거 없는) 사회적 통념
□□ 0670	imply	v. 함축하다, 암시하다
□□ 0671	context	n. (글의) 맥락, (사건의) 정황
□□ 0672	inherent	a. 내재하는, 고유의, 타고난
	= intrinsic	a. 내재하는, 본질적인, 고유의
□□ 0673	outline	v. 윤곽을 그리다, 개요를 말하다 n. 개요, 윤곽
□□ 0674	translate	v. 번역하다
□□ 0675	series	n. 연속, 시리즈
□□ 0676	plot	n. 줄거리, 음모 v. 음모를 꾸미다
□□ 0677	paradoxically	ad. 역설적으로
□□ 0678	ironically	ad. 반어적으로, 역설적으로
□□ 0679	metaphor	n. 비유, 은유
	= analogy	n. 유사, 비유
□□ 0680	fiction	n. 소설, 허구

DAY 18

□□ 0681	creative	a. 창의적인
□□ 0682	abstract	a. 추상적인 n. 개요 v. 추출하다, 요약하다
□□ 0683	concrete	a. 구체적인 n. 콘크리트
□□ 0684	masterpiece	n. 걸작, 명작
□□ 0685	polish	v. 닦다, 윤[광]내다, 다듬다 n. 광택제
□□ 0686	craft	n. 공예, 기술 v. 공들여 만들다
□□ 0687	authentic	a. 진짜의, 진본[진품]인
□□ 0688	precious	a. 귀중한, 소중한
	= valuable	a. 귀중한, 소중한
□□ 0689	proportion	n. 비율, 부분, 균형
□□ 0690	portrait	n. 초상화
□□ 0691	play a role (in)	(~에서) 역할을 하다
□□ 0692	elaborate	a. 정교한, 공들인
□□ 0693	external	a. 외부의
□□ 0694	internal	a. 내부의
□□ 0695	memorial	n. 기념물 a. 기념의, 추도의
	= monument	n. 기념물, 기념비
□□ 0696	differ	v. 다르다

□□ 0697	distinguish	v. 구별하다, 식별하다
	⊜ differentiate	v. 구별하다
□□ 0698	contrast	n. 대조, 대비 v. 대조를 이루다
□□ 0699	architect	n. 건축가
□□ 0700	institute	n. 연구소, 협회 v. 설립하다
□□ 0701	coordinate	v. 조정하다 a. 동등한
□□ 0702	collapse	v. 무너지다, 붕괴하다
□□ 0703	amuse	v. 즐겁게 하다
□□ 0704	entertain	v. 즐겁게 하다
□□ 0705	compose	v. 구성하다, 작곡하다, 조정하다
□□ 0706	orchestra	n. 오케스트라, 관현악단
□□ 0707	rehearse	v. 연습[시연]하다, 리허설을 하다
□□ 0708	popularity	n. 인기
□□ 0709	perform	v. 공연하다, 실행하다
□□ 0710	impressive	a. 인상적인, 감동적인
	⊜ striking	a. 두드러진, 인상적인
□□ 0711	flash	v. 번쩍이다 n. 번쩍임, 플래시

□□ 0712	harmonize	v. 조화를 이루다, 화음을 넣다
□□ 0713	encounter	v. (우연히) 만나다, 마주치다 n. 마주침
□□ 0714	socialize	v. 사회화하다, 교제하다
□□ 0715	imaginative	a. 상상력이 풍부한, 상상의
□□ 0716	magical	a. 마법의
□□ 0717	theme	n. 주제, 테마
□□ 0718	entrance	n. 입장, 입구, 입학
	↔ exit	n. 출구, (배우의) 퇴장
□□ 0719	classical	a. 고전의, 클래식의
□□ 0720	be associated with	~와 관련[연관]되다

DAY 19

□□ 0721	electronic	a. 전자의
□□ 0722	multiply	v. 곱하다, 크게 증가시키다
□□ 0723	upload	v. 업로드하다 n. 업로드
□□ 0724	download	v. 다운로드하다 n. 다운로드
□□ 0725	virtual	a. 가상의, 사실상의
□□ 0726	activate	v. 작동시키다, 활성화시키다
□□ 0727	nuclear	a. 원자력의, 핵의
□□ 0728	install	v. 설치하다, 설비하다
	= set up	~을 설치하다, ~을 세우다
□□ 0729	maximize	v. 최대화하다
□□ 0730	minimize	v. 최소화하다
□□ 0731	circuit	n. 회로, 순환
□□ 0732	sort	n. 종류, 부류 v. 분류하다
	= classify	v. 분류하다
□□ 0733	automatic	a. 자동의, 무의식적인
□□ 0734	manual	a. 수동의, 육체노동의 n. 설명서
□□ 0735	visual	a. 시각의, 눈에 보이는 n. 시각 자료

□□ 0736	recharge	v. 충전하다, 재충전하다
□□ 0737	numerous	a. 다수의, 수많은
	⊜ countless	a. 무수한, 셀 수 없이 많은
□□ 0738	statistics	n. 통계, 통계 자료, 통계학
□□ 0739	angle	n. 각도
□□ 0740	equation	n. 방정식
□□ 0741	ride	v. (탈것을) 타다, 승마하다 n. 타고 가기
□□ 0742	crash	v. 추락하다, 충돌하다 n. 추락, 충돌
□□ 0743	rush	v. 서두르다, 돌진하다
□□ 0744	bump	v. 부딪치다 n. 혹
□□ 0745	aircraft	n. 항공기
□□ 0746	astronaut	n. 우주 비행사
□□ 0747	mechanical	a. 기계의, 역학의, (행동이) 기계적인
□□ 0748	loosen	v. 풀다, 느슨하게 하다
	⊖ tighten	v. 죄다, 팽팽하게 하다
□□ 0749	spare	a. 여분의, 예비의 v. 할애하다, 아끼다
	⊜ extra	a. 여분의, 임시의

□□	0750	rough	a. 거친, 대강의
		⊜ uneven	a. 울퉁불퉁한
		approximate	a. 대략의, 가까운
□□	0751	transport	v. 수송하다, 운반하다 n. 수송
□□	0752	passenger	n. 승객
□□	0753	commute	v. 통근하다 n. 통근, 통근 거리[시간]
□□	0754	inspect	v. (세밀히) 조사하다
		⊜ investigate	v. (세밀히) 조사하다, 검사하다
□□	0755	accelerate	v. 가속하다, 촉진하다
		⇔ decelerate	v. 속도를 줄이다
□□	0756	navigate	v. 항해하다, 조종하다, 길을 찾다
□□	0757	shipment	n. 수송, 선적, 수송품
□□	0758	assemble	v. 조립하다, 모으다
□□	0759	have A in common	A를 공통점으로 가지다
□□	0760	turn A into B	A를 B로 바꾸다

□□ 0761	physical	a. 신체의, 물질[물리]적인
	⊖ mental	a. 마음의, 정신적인
□□ 0762	opponent	n. 반대자, 경기 상대
	⊜ competitor	n. 경쟁자, 경쟁 상대
□□ 0763	target	n. 목표, 과녁 v. 목표로 삼다, 겨냥하다
	⊜ aim	n. 목적, 과녁
□□ 0764	posture	n. 자세 v. 자세를 취하다
□□ 0765	track	n. (경기용) 트랙, 자국 v. 추적하다
□□ 0766	row	n. 줄, 열 v. 노를 젓다
□□ 0767	stretch	v. (팔다리 등을) 뻗다, 늘리다 n. 뻗기, 스트레칭, 신축성
□□ 0768	extreme	a. 극심한, 극단의 n. 극도, 극단
□□ 0769	flexible	a. 구부릴 수 있는, 유연한, 융통성 있는
□□ 0770	muscle	n. 근육, 근력
□□ 0771	surgery	n. 수술, 외과
□□ 0772	cure	v. 치료하다, 고치다 n. 치유(법)
□□ 0773	heal	v. 치료하다, 치유되다
□□ 0774	symptom	n. 증상, 징후
□□ 0775	immune	a. 면역성의

□□	0776	therapy	n. 치료, 요법
□□	0777	faint	v. 기절하다 a. 희미한
		⊜ pass out	기절하다, 의식을 잃다
□□	0778	stroke	n. 타격, 뇌졸중
□□	0779	breath	n. 숨, 호흡
□□	0780	bleed	v. 피를 흘리다, 출혈하다
□□	0781	diagnose	v. 진단하다
□□	0782	prescribe	v. 처방하다, 규정하다
□□	0783	chronic	a. 만성적인, 장기간의
		↔ acute	a. 급성의
		temporary	a. 일시적인
□□	0784	obesity	n. 비만
□□	0785	pregnant	a. 임신한
□□	0786	fatigue	n. 피로
□□	0787	digestion	n. 소화, 소화력
□□	0788	have an effect on	~에 영향을 미치다
		⊜ have an influence [impact] on	~에 영향을 미치다
□□	0789	suffer from	~으로 고통받다, ~을 앓다

□□	0790	scent	n. 향기, 냄새
□□	0791	flavor	n. 맛, 풍미, 향미(료)
		= taste	n. 맛, 풍미
□□	0792	nutrient	n. 영양소, 영양분
□□	0793	fiber	n. 섬유, 섬유질
□□	0794	stir	v. 휘젓다, 자극하다 n. 휘젓기, 동요
□□	0795	edible	a. 먹을 수 있는, 식용의
		↔ inedible	a. 먹을 수 없는
□□	0796	spill	v. 쏟다, 흘리다 n. 유출
□□	0797	recipe	n. 조리법, 비법, 비결
□□	0798	portion	n. 일부, 1인분 v. 분배하다
□□	0799	dietary	a. 음식물의, 식이요법의 n. 규정식
□□	0800	starve	v. 굶주리다, 굶기다, 갈망하다

DAY 21

□□	0801	instruct	v. 가르치다, 지시하다
□□	0802	academic	a. 학업의, 학구적인
□□	0803	gratitude	n. 감사
		⊜ appreciation	n. 감사, 감상
□□	0804	score	n. 점수, 악보 v. 득점하다
□□	0805	pupil	n. 학생, 눈동자
□□	0806	enroll	v. 등록하다
		⊜ register	v. 등록하다
□□	0807	discipline	v. 훈육하다 n. 규율, 훈육, 학과
□□	0808	strict	a. 엄격한
□□	0809	interact	v. 상호 작용하다, 교류하다
□□	0810	argue	v. 주장하다, 논쟁하다
□□	0811	bother	v. 괴롭히다, 성가시게 하다 n. 성가심
		⊜ disturb	v. 방해하다
□□	0812	guidance	n. 지도, 안내
□□	0813	collective	a. 집단의, 공동의 n. 집단
		↔ individual	a. 개개의, 개별의
□□	0814	admire	v. 존경하다, 감탄하다
		⊜ respect	v. 존경하다

□□ 0815	intellectual	a. 지적인, 지성의 n. 지식인
□□ 0816	result from	~에서 기인하다, ~에서 비롯되다
□□ 0817	evaluate	v. 평가하다
□□ 0818	assess	v. 평가하다, 산정하다
	⊜ estimate	v. 평가하다, 추산하다
□□ 0819	presentation	n. 발표, 설명, 제출
□□ 0820	range	n. 범위, 폭, 영역 v. (~에) 이르다
□□ 0821	formal	a. 공식적인, 형식적인, 정규적인
	⇔ informal	a. 비공식적인
□□ 0822	intermediate	a. 중간의, 중급의
□□ 0823	attempt	v. 시도하다 n. 시도
□□ 0824	assist	v. 돕다 n. 조력
□□ 0825	aid	v. 돕다, 조력하다 n. 지원, 도움
□□ 0826	explanation	n. 설명, 해명
	⊜ excuse	n. 변명, 해명
	interpretation	n. 해석, 설명
□□ 0827	grant	v. 수여하다, 인정하다 n. 보조금
□□ 0828	award	v. 수여하다 n. 상, 상금
□□ 0829	typical	a. 전형적인, 보통의

□□ 0830	inevitable	a. 피할 수 없는, 당연한
	⊜ inescapable	a. 피할 수 없는
	unavoidable	a. 피할 수 없는
□□ 0831	get rid of	~을 제거하다, ~을 처리하다
	⊜ eliminate	v. 제거하다, 배제하다
□□ 0832	policy	n. 정책, 방침
□□ 0833	trigger	v. 방아쇠를 당기다, 유발하다 n. 방아쇠
□□ 0834	disguise	v. 위장하다, 변장하다 n. 위장
□□ 0835	isolate	v. 고립시키다, 격리하다
□□ 0836	invade	v. 침략하다, 침입하다
□□ 0837	captive	a. 사로잡힌, 감금된 n. 포로
□□ 0838	command	v. 명령하다, 지휘하다 n. 명령, 통솔
	⊜ order	v. 명령하다, 주문하다 n. 명령, 순서, 주문
□□ 0839	recruit	v. 모집하다, 징집하다 n. 신병, 신입사원
	⊜ gather	v. 모으다
	assemble	v. 소집하다, 집합시키다
□□ 0840	voluntary	a. 자발적인, 자원봉사의

□□ 0841	psychology	n. 심리, 심리학
□□ 0842	relief	n. 안도, 구조, 완화
□□ 0843	mental	a. 정신의, 마음의, 지적인
	= psychological	a. 정신적인, 심리의
□□ 0844	manipulate	v. 조종하다, (능숙하게) 다루다
	= operate	v. 가동[조작]하다
	control	v. 통제하다
□□ 0845	uneasy	a. 불안한, 불편한
	= uncomfortable	a. 불편한, 불쾌감을 주는
□□ 0846	frightened	a. 깜짝 놀란, 겁먹은
□□ 0847	afraid	a. 두려워하는
	= scared	a. 겁먹은
	terrified	a. 겁먹은
□□ 0848	illusion	n. 환영, 환상, 착각
□□ 0849	undergo	v. 경험하다, 겪다
	= experience	v. 경험하다
	go through	~을 겪다
□□ 0850	identify	v. 확인하다, 식별하다, 동일시하다
□□ 0851	stress	n. 스트레스, 강조 v. 강조하다, 압박하다
□□ 0852	desperate	a. 절박한, 필사적인, 자포자기한
□□ 0853	stable	a. 안정된, 견고한
	↔ unstable	a. 불안정한, 변하기 쉬운

□□	0854	overwhelm	v. 압도하다, 사로잡다
□□	0855	anxiety	n. 불안, 걱정, 염려
		= worry	n. 불안, 걱정
		concern	n. 염려, 관심
□□	0856	burden	n. 짐, 부담 v. ~에게 짐을 지우다
□□	0857	complex	a. 복잡한 n. 콤플렉스, 복합체
		↔ simple	a. 간단한
□□	0858	intend	v. ~할 작정이다, 의도하다
□□	0859	sudden	a. 갑작스러운
		= abrupt	a. 갑작스러운, 퉁명스러운
□□	0860	favorable	a. 호의적인, 우호적인
		= friendly	a. 친절한, 우호적인
		↔ hostile	a. 적대적인, 반대하는
□□	0861	curiosity	n. 호기심
□□	0862	innate	a. 타고난, 선천적인, 고유의
		= inborn	a. 타고난, 천부의
□□	0863	ignorant	a. 무지한, 무식한
□□	0864	associate	v. 연상하다, 연관 짓다 n. 동료
□□	0865	assumption	n. 가정, 추측, 인수
□□	0866	distraction	n. 집중을 방해하는 것, 주의 산만

□□ 0867	subjective	a. 주관적인, 주관의
	↔ objective	a. 객관적인
□□ 0868	end up -ing	결국 ~이 되다, 결국 ~하다
□□ 0869	interfere	v. 간섭하다, 방해하다
□□ 0870	intervene	v. 간섭하다, 개입하다, 중재하다
□□ 0871	exclude	v. 제외하다, 배제하다
	↔ include	v. 포함하다
□□ 0872	persuade	v. 설득하다
□□ 0873	convince	v. 설득하다, 확신시키다
□□ 0874	ensure	v. 보장하다, 확보하다
□□ 0875	cheat	v. 속이다, 부정행위를 하다
□□ 0876	boost	v. 북돋우다, 증가시키다 n. 향상, 증가, 격려
□□ 0877	attribute	v. ~의 탓[덕분]으로 돌리다 n. 속성, 자질
	= ascribe	v. ~의 탓으로 돌리다
□□ 0878	skeptical	a. 회의적인, 의심 많은
□□ 0879	optimistic	a. 낙관적인, 낙관하는
	↔ pessimistic	a. 비관적인, 비관하는
□□ 0880	out of place	상황에 맞지 않은, 제자리에 있지 않은

DAY 23

□□ 0881	column	n. 칼럼, 기둥
□□ 0882	announce	v. 발표하다, 알리다
□□ 0883	union	n. 조합, 연합, 동맹
	= alliance	n. 동맹, 연합
□□ 0884	convey	v. 전(달)하다, 운반하다
	= communicate	v. 전하다, 의사소통하다
	transport	v. 수송하다
□□ 0885	leak	v. 누설하다, 새다 **n.** 새는 곳, 누출
□□ 0886	affair	n. 일, 문제, 사건
□□ 0887	brief	a. 간결한, 잠시의 **n.** 짧은 보고 **v.** 요약하다
□□ 0888	enhance	v. 높이다, 향상시키다
	= improve	v. 향상하다, 개선하다
	increase	v. 증가[인상]시키다
□□ 0889	verbal	a. 말의, 언어의, 구두의
	= oral	a. 구두의
	spoken	a. 구어의
	↔ nonverbal	a. 비언어적인
□□ 0890	medium	n. 매체, 수단, 방법 (*pl.* media) **a.** 중간의
□□ 0891	signal	v. 신호를 보내다, 암시하다 **n.** 신호
□□ 0892	transmit	v. 보내다, 전송하다, 전염시키다

□□ 0893	broadcast	v. 방송하다, 널리 알리다
□□ 0894	audience	n. 청중, 관중, 시청자
□□ 0895	viewer	n. 관객, 시청자
□□ 0896	commercial	n. 광고 a. 상업의
□□ 0897	appealing	a. 매력적인, 흥미를 끄는
	= attractive	a. 매력적인
□□ 0898	evident	a. 분명한, 눈에 띄는
□□ 0899	obscure	a. 분명치 않은, 모호한 v. 모호하게 하다
□□ 0900	limitation	n. 제한, 한계
	= restriction	n. 제한, 한정
□□ 0901	visible	a. (눈에) 보이는
	↔ invisible	a. 보이지 않는
□□ 0902	compelling	a. 설득력 있는, 강력한
□□ 0903	illustrate	v. 설명하다, 삽화를 넣다
	= explain	v. 설명하다
□□ 0904	diminish	v. 감소하다, 약화시키다
	= decrease	v. 감소하다
□□ 0905	lessen	v. 줄다, 완화시키다
	= shrink	v. 줄다, 오그라들다, 수축하다

□□	0906	informative	a. 정보를 주는, 유익한
		⊜ instructive	a. 유익한
□□	0907	satellite	n. (인공)위성
□□	0908	mobile	a. 움직이기 쉬운, 기동성의
		⇔ stationary	a. 정지된, 고정된
□□	0909	portable	a. 휴대용의, 이동이 쉬운
□□	0910	collect	v. 수집하다, 모으다 a. 수신자 부담의
		⊜ gather	v. 모으다, 수집하다
□□	0911	variable	n. 변수 a. 변하기 쉬운
□□	0912	pile	n. 더미, 쌓아 놓은 것 v. 쌓다
□□	0913	wrap	v. 싸다, 포장하다
□□	0914	deliver	v. 배달하다, 연설하다, 분만하다
□□	0915	envelope	n. 봉투
□□	0916	stamp	n. 우표, 도장 v. 날인하다, 발을 구르다
□□	0917	respondent	n. 응답자
□□	0918	transaction	n. 거래, 매매, 처리 (과정)
		⊜ deal	n. 거래, 관계
□□	0919	feel free to *do*	자유롭게[마음대로] ~하다
□□	0920	get in touch with	~와 연락[접촉]하다
		⊜ keep in touch with	~와 연락[접촉]하다

DAY 24

□□ 0921	cherish	v. 소중히 하다
□□ 0922	rainforest	n. 열대 우림
□□ 0923	landscape	n. 풍경, 경치
	⊜ scenery	n. 풍경
□□ 0924	surface	n. 표면, 외관 v. 수면으로 올라오다, (갑자기) 드러나다
	⊜ exterior	n. 외부, 겉모습
	emerge	v. 나타나다
□□ 0925	peak	n. 산봉우리, 정상, 정점 v. 절정에 이르다
	⊜ summit	n. 산꼭대기, 정점, 정상 회담
□□ 0926	steep	a. 가파른, 급격한
	↔ gentle	a. (경사 등이) 완만한
□□ 0927	incline	n. 경사 v. 경사지다, (마음이) 기울다
	⊜ decline	v. (아래로) 기울다, 감소하다
□□ 0928	cliff	n. 절벽
□□ 0929	suitable	a. 적절한, 적합한
	⊜ appropriate	a. 적절한, 적합한
□□ 0930	atmosphere	n. 대기(권), 분위기
□□ 0931	endangered	a. 멸종 위기에 처한, 위험에 빠진
□□ 0932	pollution	n. 오염
	⊜ contamination	n. 오염
□□ 0933	fossil	n. 화석

□□ 0934	ecosystem	n. 생태계
□□ 0935	pesticide	n. 살충제
□□ 0936	landfill	n. 쓰레기 매립지
□□ 0937	purify	v. 깨끗이 하다, 정화하다
	↔ pollute	v. 오염시키다
	contaminate	v. 오염시키다
□□ 0938	sweep	v. 쓸다, 휩쓸다 n. 쓸기
□□ 0939	litter	n. 쓰레기 v. 버리다, 어지럽히다
	= garbage	n. 쓰레기
	waste	n. 쓰레기
□□ 0940	acid	n. 산(酸) a. 산성의
□□ 0941	threaten	v. 위협하다, 협박하다
	= endanger	v. 위험에 빠뜨리다
□□ 0942	resource	n. 자원, 물자
□□ 0943	raw	a. 날것의, 가공하지 않은
	↔ processed	a. 가공(처리)한
□□ 0944	wasteful	a. 낭비하는, 헛된
□□ 0945	straw	n. 빨대, 짚, 지푸라기
□□ 0946	remain	v. 남아 있다, 여전히 ~인 채로 있다
□□ 0947	utilize	v. 활용하다, 이용하다
	= make use of	~을 활용[이용]하다

□□ 0948	recycle	v. 재활용하다
□□ 0949	conserve	v. 보존[보호]하다, 아끼다
	⊜ preserve	v. 보존하다, 보호하다
	protect	v. 보호하다
□□ 0950	filter	n. 필터, 여과 장치 v. 여과하다, 거르다
□□ 0951	generate	v. 발생시키다, 만들어 내다
□□ 0952	convert	v. 전환하다, 바꾸다
□□ 0953	transform	v. 변형시키다, 바꾸다
□□ 0954	reduce	v. 줄이다, 감소시키다
□□ 0955	fragile	a. 부서지기 쉬운, 취약한
□□ 0956	fabric	n. 직물, 천, (사회·건물 등의) 구조
	⊜ cloth	n. 직물, 천
□□ 0957	accumulate	v. 축적하다, 축적되다, 모으다
□□ 0958	discard	v. 버리다, 폐기하다
	⊜ throw away	~을 버리다
□□ 0959	dispose of	~을 버리다, ~을 처리하다[없애다]
	⊜ get rid of	~을 없애다[처리하다]
□□ 0960	(the) chances are (that)	아마 ~일 것이다, ~할 가능성이 충분하다

DAY 25

□□	0961	climate	n. 기후
□□	0962	freeze	v. 얼다, 동결시키다
□□	0963	melt	v. 녹다, 녹이다
□□	0964	wave	n. 파도, 물결 v. 파도치다, 흔들다
□□	0965	humid	a. 습한, 습기 찬
□□	0966	temperate	a. (기후가) 온화한, (행동이) 차분한
		= mild	a. (기후가) 온화한, 포근한
□□	0967	sufficient	a. 충분한
		= adequate	a. 충분한
□□	0968	tropical	a. 열대의, 열대 지방의
□□	0969	intense	a. 극심한, 치열한
		= extreme	a. 극심한, 강렬한
		severe	a. 극심한, 가혹한
□□	0970	fierce	a. 사나운, 극심한
□□	0971	light	a. 가벼운, 밝은 v. 밝히다 n. 빛
□□	0972	phenomenon	n. 현상 (*pl.* phenomena)
□□	0973	creature	n. 창조물, 생물
□□	0974	tide	n. 조수(潮水), 조류, 흐름
□□	0975	shadow	n. 그림자, 그늘 v. 그늘지게 하다

□□ 0976	float	v. 뜨다, 떠다니다
	↔ sink	v. 가라앉다
□□ 0977	earthquake	n. 지진
□□ 0978	eruption	n. 폭발, 분화
□□ 0979	drought	n. 가뭄
□□ 0980	originate	v. 유래하다, 발생하다, 고안하다
	= derive	v. 유래하다, ~에서 비롯되다
□□ 0981	hatch	v. 부화하다
□□ 0982	agriculture	n. 농업
□□ 0983	ripe	a. 익은, 숙성한
	= mature	a. 익은, 숙성한
□□ 0984	cultivate	v. 경작하다, (작물을) 재배하다, 기르다
	= plow	v. 갈다, 경작하다 n. 쟁기
□□ 0985	crop	n. 농작물, 수확물
□□ 0986	harvest	v. 수확하다 n. 수확, 수확물
	= reap	v. 수확하다, 거두다
□□ 0987	annual	a. 연례의, 연간의
□□ 0988	folk	a. 민속의, 민간의 n. 사람들
□□ 0989	native	a. 토착의, 원산의 n. 원주민

□□ 0990	resistant	a. 저항력이 있는, 저항하는, 잘 견디는
□□ 0991	durable	a. 내구성이 있는
	↔ delicate	a. 연약한, 부서지기 쉬운
	fragile	a. 부서지기 쉬운, 취약한
□□ 0992	transplant	v. 옮겨 심다, 이식하다 n. 이식
□□ 0993	enrich	v. 비옥하게 하다, 풍요롭게 하다
□□ 0994	fertile	a. 비옥한, 번식력이 있는
□□ 0995	barren	a. 척박한, 결실이 없는
□□ 0996	drain	v. 물을 빼내다, 배수하다, 소모시키다 n. 배수관, 소모
□□ 0997	pest	n. 해충, 골칫거리
□□ 0998	weed	n. 잡초 v. 잡초를 제거하다
□□ 0999	take over	~을 차지하다, ~을 인계받다, ~을 인수하다
□□ 1000	take advantage of	~을 이용하다, ~을 활용하다
	= make use of	~을 이용하다

Word BASIC
∞ master

Word
master

STEP 3

다의어·혼동어로 실력 높이기

DAY 26

□□ 1001	account	**n.** 예금, 은행 계좌 **n.** 이유, 근거 **v.** 설명하다, 해명하다, 책임지다 (for) **n.** 설명, 이야기 **v.** 차지하다 (for)
□□ 1002	correct	**a.** 맞는, 올바른 **v.** 정정하다, 바로잡다
□□ 1003	charge	**v.** 요금을 청구하다 **n.** 요금 **v.** (일을) 맡기다 **n.** 책임, 담당 **v.** 비난하다, 고발하다 **n.** 혐의, 고발 **v.** 충전하다, 채우다 **n.** 충전
□□ 1004	check	**v.** 확인하다, 검사하다 **n.** 검사 **n.** 수표 **n.** 계산서
□□ 1005	air	**n.** 공기 **n.** 공중 **n.** 항공 **v.** 방송하다
□□ 1006	tip	**n.** (뾰족한) 끝 **n.** 조언 **n.** 팁, 사례금

□□ 1007 still
a. 조용한
a. 정지한
ad. 훨씬, 더욱 (비교급 강조)
ad. 그럼에도 불구하고

□□ 1008 custom
n. 관습, 풍습
n. 관세, 세관 (~s)
a. 맞춘, 주문 제작한

□□ 1009 regard
n. 존경, 존중
n. 관련
n. 안부
v. ~으로 간주하다[여기다] (as)

□□ 1010 develop
v. 발달하다, 발달시키다
v. 개발하다
v. (병·문제가) 생기다, 발생하다
v. (필름을) 현상하다

□□ 1011 object
n. 사물, 물체
n. 목표, 목적
n. 대상
v. 반대하다 (to)

□□ 1012 yield
v. 내다, 산출하다 n. 산출량
v. 양도하다
v. 굴복하다 (to)

□□ 1013 sacred	a. 신성한, 성스러운
□□ 1014 scared	a. 무서워하는
□□ 1015 vain	a. 헛된, 허영심이 많은
□□ 1016 vein	n. 정맥, 맥락
□□ 1017 cite	v. 인용하다
□□ 1018 site	n. 장소, 위치, 현장
□□ 1019 mass	n. 덩어리, 집단, 부피, 질량 a. 대량의, 대중의
□□ 1020 mess	n. 엉망, 혼란한 상태 v. 더럽히다
□□ 1021 expand	v. 확대하다, 확장하다
□□ 1022 expend	v. 소비하다, 쓰다
□□ 1023 literal	a. 문자 그대로의, 문자(상)의
□□ 1024 literate	a. 읽고 쓸 수 있는
↔ illiterate	a. 읽고 쓸 수 없는, 문맹의
□□ 1025 literary	a. 문학의, 문학적인
□□ 1026 considerable	a. 상당한, 꽤 많은
□□ 1027 considerate	a. 사려 깊은, 배려하는

□□ 1028	optical	a. 시각적인, 광학의
□□ 1029	optional	a. 선택적인
□□ 1030	optimal	a. 최적의, 최상의
□□ 1031	vague	a. 모호한
□□ 1032	vogue	n. 유행
□□ 1033	extinct	a. 멸종한, 사라진
□□ 1034	instinct	n. 본능
□□ 1035	wander	v. (이리저리) 돌아다니다, 배회하다
□□ 1036	wonder	v. 궁금해하다, 놀라다 n. 놀라운 것
□□ 1037	famine	n. 기근, 기아
□□ 1038	feminine	a. 여성의, 여성스러운
□□ 1039	be known for	(이유) ~으로[때문에] 유명하다
□□ 1040	be known as	(자격·별칭) ~으로 알려져 있다

□□ 1041 bear
n. 곰
v. 참다, 견디다
v. 낳다, (열매를) 맺다

□□ 1042 sound
n. 소리 v. 소리를 내다
v. ~인 것 같다, ~처럼 들리다
a. 건전한
ad. 깊게, 푹 (~ asleep)

□□ 1043 bill
n. 청구서, 계산서
n. 지폐
n. 법안
n. (새의) 부리

□□ 1044 count
v. 세다, 계산하다 n. 셈, 계산, 총계
v. 중요하다
v. 간주하다[여기다]

□□ 1045 present
a. 현재의 n. 현재
a. 있는, 존재하는, 출석한
n. 선물
v. 제시하다, (보여) 주다, 발표하다

□□ 1046 grave
n. 무덤, 묘
a. 심각한
a. 중대한, 중요한

□□ 1047 subject
n. 주제
n. 과목, 학과
n. 피실험자
a. ~을 받기 쉬운, ~될 수 있는 (to)

□□ 1048 draw
v. (선으로) 그리다
v. 끌어당기다
v. (관심을) 끌다
v. (결론을) 내다[도출하다]

□□ 1049 contract
n. 계약서, 계약 v. 계약하다
v. 수축하다, 줄어들다
v. (병에) 걸리다

□□ 1050 hold
v. 잡고[쥐고] 있다, 들다
v. 개최하다, 열다
v. 두다, 유지하다
v. 담다, 수용하다

□□ 1051 balance
v. 균형을 잡다 n. 균형
n. 잔고, 잔액
n. 저울

□□ 1052 character
n. 성격
n. 특징
n. 등장인물
n. 글자

□□ 1053	absorb	v. 흡수하다
□□ 1054	absurd	a. 터무니없는, 불합리한
□□ 1055	carve	v. 조각하다, 새기다
□□ 1056	curve	n. 곡선, 커브
□□ 1057	complement	n. 보완, 보충 v. 보완하다
□□ 1058	compliment	n. 칭찬 v. 칭찬하다
□□ 1059	respectable	a. 존경할 만한
□□ 1060	respective	a. 각각의
□□ 1061	principal	n. 교장, 우두머리 a. 주요한, 중요한
□□ 1062	principle	n. 원칙, 원리, 신념
□□ 1063	acquire	v. 얻다, 획득하다, 습득하다
□□ 1064	inquire	v. 묻다
□□ 1065	require	v. 필요로 하다, 요구하다
□□ 1066	lie[1]	v. 거짓말하다 n. 거짓말
□□ 1067	lie[2]	v. 눕다, (~에) 있다
□□ 1068	lay	v. 놓다, 두다, (알을) 낳다

□□ 1069	imitate	v. 모방하다, 흉내 내다
	⊜ mimic	v. 흉내 내다
□□ 1070	initiate	v. 시작[개시]하다
□□ 1071	defeat	v. 패배시키다 n. 패배
□□ 1072	defect	n. 결함, 결점
□□ 1073	frame	n. 뼈대, 틀, 액자
□□ 1074	flame	n. 불길, 불꽃
□□ 1075	successive	a. 잇따른, 연속하는
□□ 1076	successful	a. 성공적인
□□ 1077	cooperation	n. 협동, 협력, 협조
□□ 1078	corporation	n. 기업, 회사, 법인, 조합
□□ 1079	call for	~을 요구[요청]하다, ~을 필요로 하다
□□ 1080	call off	중지하다, 취소하다

DAY 28

□□ 1081 rate
n. 비율
n. 속도
n. 요금
v. 평가하다

□□ 1082 fine
n. 벌금 v. 벌금을 부과하다
a. 훌륭한, 좋은
a. 고운, 미세한
a. (날씨가) 맑은[좋은]

□□ 1083 term
n. 기간
n. 학기
n. 용어
n. 사이, 관계 (~s)
n. 조건 (~s)

□□ 1084 press
v. 누르다
v. 강요하다, 재촉하다
n. 언론, 출판

□□ 1085 condition
n. 상태
n. 환경, 상황
n. 조건, 조항

□□ 1086 solution
n. 해결, 해결책
n. 용액

□□ 1087 conduct

v. 수행하다
v. 지휘하다
v. 안내하다 n. 안내
v. (열·전기를) 전도하다
n. 행동

□□ 1088 fair

a. 공평한, 공정한
a. 상당한
a. 아름다운, 매력적인
a. (날씨가) 맑은
n. 박람회

□□ 1089 book

n. 책, 서적
v. 예약하다

□□ 1090 current

a. 현재의
n. 흐름
n. 경향, 추세
n. 전류

□□ 1091 feature

n. 특징 v. ~을 특징으로 하다
n. 이목구비
n. 특집 기사[방송]

□□ 1092 critical

a. 비판적인
a. 중요한, 중대한
a. 결정적인, 위기의

□□ 1093	expire	v. (기한이) 만료되다
□□ 1094	inspire	v. 고무[격려]하다, 영감을 주다
□□ 1095	loyal	a. 충성스러운, 충실한
□□ 1096	royal	a. 왕의, 왕국의
□□ 1097	emergency	n. 비상사태
□□ 1098	emergence	n. 출현, 발생
□□ 1099	terrible	a. 끔찍한, 심한, 지독한
□□ 1100	terrific	a. 아주 멋진, 훌륭한
□□ 1101	personal	a. 개인적인
□□ 1102	personnel	n. 인원, 직원, 인사과
□□ 1103	conscience	n. 양심
□□ 1104	conscious	a. 의식하는, 의식이 있는, 의도적인
	↔ unconscious	a. 의식을 잃은, 무의식적인
□□ 1105	simulate	v. 모의 실험하다
□□ 1106	stimulate	v. 자극[격려]하다, 관심을 불러일으키다

□□ 1107	raise	v. 올리다, 들어올리다
□□ 1108	rise	v. 오르다, 올라가다
□□ 1109	confirm	v. 확인하다, 승인하다, (사실임을) 입증하다
□□ 1110	conform	v. 따르다, 순응하다
□□ 1111	calculate	v. 계산하다
□□ 1112	circulate	v. 순환하다
□□ 1113	depend	v. 의존하다
□□ 1114	defend	v. 방어[수비]하다, 변호하다
□□ 1115	neural	a. 신경 (계통)의
□□ 1116	neutral	a. 중립의, 중성의
□□ 1117	evolution	n. 진화, 발전
□□ 1118	revolution	n. 혁명, 회전
□□ 1119	be concerned about	~을 염려하다, ~을 걱정하다
□□ 1120	be concerned with	~와 관련이 있다, ~에 관심이 있다

DAY 29

□□ 1121	company	n. 함께 있는 사람들, 친구 n. 동석, 동행 n. 회사
□□ 1122	article	n. 기사 n. 물건, 물품 n. 조항, 조건
□□ 1123	correspond	v. 일치하다 v. 해당[상응]하다 v. 서신을 주고받다 v. 조화를 이루다
□□ 1124	reflect	v. 반사하다 v. 반영하다 v. 심사숙고하다, 회고하다 (on)
□□ 1125	post	n. 기둥 n. 우편, 우편물 v. 붙이다, 게시하다 v. (우편물을) 발송하다
□□ 1126	decline	v. 감소하다, 하락하다 n. 감소, 하락 v. 거절하다 v. 아래로 경사지다, 아래를 향하다

□□ 1127 suit

n. 정장
n. 소송
v. 맞다, 어울리다

□□ 1128 figure

n. 수치
n. 모습, 몸매
n. 인물, 사람
n. 모양, 무늬
v. 이해하다, 생각해 내다 (out)

□□ 1129 case

n. 경우, 사례
n. 사건, 문제
n. 소송
n. 상자, 용기

□□ 1130 dismiss

v. 해산시키다
v. 해고하다
v. (생각 등을) 떨쳐 버리다

□□ 1131 reserve

v. 예약하다
v. 따로 남겨 두다
v. 보유하다
n. 매장량, 비축
n. 보호 구역

□□ 1132 appreciate

v. 진가를 알아보다, (제대로) 이해하다
v. 감사하다, 고마워하다
v. 감상하다

□□ 1133	state	n. 상태, 국가 v. 말하다, 진술하다
□□ 1134	statue	n. 조각상
□□ 1135	status	n. 지위, 신분, 상황
□□ 1136	explode	v. 폭발하다, 터뜨리다
□□ 1137	explore	v. 탐험하다
□□ 1138	ethical	a. 윤리적인
□□ 1139	ethnic	a. 민족의, 종족의
□□ 1140	waist	n. 허리
□□ 1141	waste	n. 낭비, 폐기물 v. 낭비하다
□□ 1142	hospitality	n. 환대, 접대
□□ 1143	hostility	n. 적대감
□□ 1144	constant	a. 불변의, 끊임없는
□□ 1145	consistent	a. 일관된, (의견·언행 등이) 일치하는, 모순 없는
□□ 1146	brake	n. 브레이크, 제동 장치
□□ 1147	break	n. 휴식 v. 부서지다, 고장 나다, 쉬다, 어기다

□□ 1148	saw	n. 톱 v. 톱질하다
□□ 1149	sew	v. 바느질하다, 꿰매다
□□ 1150	sow	v. (씨를) 뿌리다, 심다
□□ 1151	precede	v. ~에 앞서다[선행하다]
□□ 1152	proceed	v. 나아가다, (계속) 진행하다
□□ 1153	desert	n. 사막
□□ 1154	dessert	n. 후식, 디저트
□□ 1155	addition	n. 추가, 첨가, 덧셈
□□ 1156	addiction	n. 중독, 열중
□□ 1157	substitute	v. 대신하다, 교체하다 n. 대리자, 대용품
□□ 1158	constitute	v. 구성하다, ~이 되다
□□ 1159	be engaged in	~에 종사하고 있다, ~에 열중하다
□□ 1160	be engaged to	~와 약혼한 사이다

DAY 30

□□ 1161 address	n. 주소 v. 연설하다 v. 말하다
□□ 1162 spring	n. 봄 n. 샘 n. 용수철 v. (갑자기) 튀다[뛰다]
□□ 1163 board	n. 판, 칠판 n. 이사회, 위원회 v. 탑승하다 v. 하숙하다, 기숙사에 살다
□□ 1164 block	n. 사각형 덩어리 n. 구역, 블록 v. 막다, 방해하다
□□ 1165 reason	n. 이유, 변명 n. 이성 v. 추론하다, 생각하다
□□ 1166 cover	v. 덮다, 가리다 v. 담당하다, 다루다 v. 보도하다, 취재하다 n. 표지

□□ 1167 flat
a. 평평한
a. 납작한
a. 바람이 빠진, 펑크 난
n. 아파트 (英)

□□ 1168 margin
n. 차이
n. 수익
n. 가장자리

□□ 1169 issue
n. 문제, 쟁점
n. 발행, 호 v. (책 등을) 출판하다, 발행하다
v. 발급하다
v. 나오다

□□ 1170 even
a. 평평한, 수평의
a. 짝수의
a. 공정한, 공평한
ad. 심지어, ~조차
ad. 훨씬 (비교급 강조)

□□ 1171 release
v. 석방하다, 놓아주다 n. 석방, 해방
v. 방출하다 n. 방출
v. 발표하다, 공개하다 n. 발표, 공개
v. 개봉하다, 출시하다 n. 개봉, 출시

□□ 1172 content
n. 내용(물)
n. 목차
a. 만족하는 v. 만족시키다
n. 함(유)량

□□ 1173 adapt	v. 적응하다, 조정하다
□□ 1174 adopt	v. 채택하다, 입양하다
□□ 1175 altitude	n. 고도, 높이
□□ 1176 aptitude	n. 적성, 소질, 경향
□□ 1177 attitude	n. 태도
□□ 1178 access	n. 접근, 입장 v. 접근하다, 이용하다, 접속하다
□□ 1179 excess	n. 초과, 과도 a. 초과한, 여분의
□□ 1180 council	n. 의회, 회의
□□ 1181 counsel	n. 조언, 상담 v. 조언하다, 상담하다
□□ 1182 flight	n. 비행, 항공편
□□ 1183 fright	n. 놀람, 두려움
□□ 1184 phase	n. 단계, 국면
□□ 1185 phrase	n. 어구, 구
□□ 1186 interpret	v. 해석하다, 이해하다
□□ 1187 interrupt	v. 방해하다, 중단하다

□□ 1188	moral	a. 도덕의, 도덕적인
□□ 1189	morale	n. 사기, 의욕
□□ 1190	mortal	a. 죽을 운명인, 치명적인
□□ 1191	affect	v. 영향을 미치다
□□ 1192	effect	n. 효과, 영향, 결과
□□ 1193	mediate	v. 중재하다
□□ 1194	meditate	v. 명상하다, 묵상하다
□□ 1195	simultaneously	ad. 동시에
□□ 1196	spontaneously	ad. 자발적으로, 자연스럽게
□□ 1197	comparative	a. 비교를 통한, 비교의, 상대적인
□□ 1198	competitive	a. 경쟁적인, 경쟁력 있는
□□ 1199	make up	~을 구성[형성]하다, ~을 지어내다, 화장하다
	= constitute	v. 구성하다
□□ 1200	make up for	~을 보충하다, ~을 보상하다

MEMO